Teresa Hochmuth

Lilli findet neue Freunde

Meine schönsten Vorlesegeschichten

Mit Illustrationen von
Maria Bogade

 Dieses Buch ist auch als E-Book erhältlich.

MIX
Papier aus verantwor-
tungsvollen Quellen
FSC® C010328
FSC
www.fsc.org

Verlagsgruppe Random House FSC® N001967

1. Auflage 2018
© 2018 cbj Kinder- und Jugendbuchverlag in der
Verlagsgruppe Random House GmbH,
Neumarkter Straße 28, 81667 München
Alle Rechte vorbehalten
Little Friends © Habermaaß GmbH, Bad Rodach
Design der Little Friends: Ines Frömelt
Text: Teresa Hochmuth nach einem Konzept in
Zusammenarbeit mit Rotraud Tannous
Illustrationen: Maria Bogade nach den Spielzeugdesigns von Ines Frömelt
Umschlaggestaltung: init Kommunikationsdesign, Bad Oyenhausen
cl · Herstellung: UK
Reproduktion: Lorenz & Zeller, Inning a.A.
Druck: Alföldi Druckerei AG, Debrecen
ISBN: 978-3-570-17551-4
Printed in Hungary

Mehr zu den Little Friends auf www.haba.de/little-friends
www.cbj-verlag.de

Inhaltsverzeichnis

Lilli findet neue Freunde . . . 11

Lilli und die Windpockenmonster . . . 23

Lilli und der neue Kindergarten . . . 34

Lilli tanzt den Quatsch-de-dö . . . 47

Lilli und der Puppenmuttertag . . . 59

Lilli geht zelten . . . 70

Lilli will schwimmen . . . 81

Lilli und ihre Freunde

Die Little Friends, das sind Lilli, Mali und Matze. Sie wohnen bei Mona im Kinderzimmer. Und pssst! Mit Mona teilen sie ein Geheimnis: Wenn kein Erwachsener dabei ist, werden die Puppen lebendig!

Lilli liebt nicht nur die Farbe Rosa, sie ist auch rosa, von den Haaren bis zu den Schuhen. Sie wohnt noch nicht so lange bei Mona und muss noch einiges über die Welt der echten Kinder lernen. In Lillis Kopf geht gerne einmal alles drunter und drüber und so verwechselt sie Wörter oder bringt die anderen Puppen mit ihren eigenen Wort-Erfindungen zum Lachen. Aber langweilig wird es mit Lilli nie, denn sie hat immer eine neue, verrückte Idee.

Matze ist ein richtiger kleiner Lausejunge mit mächtig Unfug im Kopf. Er bringt Mona und seine Freunde manchmal in Schwierigkeiten. Aber wenn es drauf ankommt, ist er immer zur Stelle und hilft den anderen aus der Patsche. Matze spielt gerne Fußball oder Geheimagenten, fährt Skateboard und ist sehr tierlieb.

Mali liebt Bücher, Ballett und alles, was grün ist. Das Lesen hat sie sich selber beigebracht. Sie ist ruhiger und vorsichtiger als ihre Freunde Lilli und Matze. Aber auch wenn sie auf den ersten Blick etwas schüchtern oder ängstlich erscheint, kann Mali manchmal mutiger sein als alle anderen.

Mona geht gerne in den Kindergarten, mag Basteln, Abenteurer spielen und draußen herumtoben. Aber am liebsten spielt sie mit ihren kleinen Freunden. Deshalb nimmt sie die drei auch überallhin mit. Das Puppenhaus hat Mona von ihren Eltern geschenkt bekommen. Aber Mama und Papa haben keine Ahnung, dass die Little Friends lebendig sind und sprechen können. Denn Mona passt immer gut auf, dass ihr Geheimnis nicht entdeckt wird. Lilli, Matze und Mali sind sich einig: Mona ist die beste Puppenmama der Welt.

Little Friends – Lilli findet neue Freunde

Hallo! Ich bin Lilli und ich bin eine Puppe. Meine
Lieblingsfarbe ist rosa und ich bin ziemlich klein. Aber nicht
klitze-mini-klein. So groß wie eine halbe Banane oder wie
deine Hand. Ich wohne bei Mona. Mona ist ein Mädchen
und viel größer als ich. Ich weiß noch genau, wie ich zu ihr
gekommen bin. Ich war in einem Paket! Das Paket war bunt
eingepackt und hatte eine große Schleife. Es war sehr dunkel
darin. Ich konnte überhaupt nichts sehen. Und ich war
furchtbar aufgeregt …

Warme Sonnenstrahlen kitzeln Monas Nase. Sie kuschelt sich noch
einmal ganz fest in ihre Bettdecke, dann öffnet sie langsam die Augen.

»Zum Geburtstag viel Glück, zum Geburtstag viel Glück …«, singt
ihre Mama und gibt ihr einen dicken Geburtstagskuss. »Zum
Geburtstag, liebe Mona, zum Geburtstag viel Glück!«

»Juhuuu! Ich hab Geburtstag!«, jubelt Mona
und schielt zu den bunt eingewickelten Päckchen, die auf ihrem Maltisch bereitliegen.

»Na gut, ein Geschenk darfst du schon vor dem Frühstück aus-packen«, lacht Mama. »Aber dann zieh dich schnell an, sonst futtert Papa dir noch deine Geburtstags-Muffins weg!«.

Mona strahlt. Während Mama nach unten in die Küche geht, über-legt sie hin und her, welches Päckchen sie nehmen soll. Sie entscheidet sich für das mit der großen Schleife. Vorsichtig öffnet sie das Ge-schenkpapier. Eine Puppe kommt zum Vorschein. Eine Puppe mit rosa Haaren!

Lilli muss blinzeln, als es plötzlich hell wird in ihrem Paket. Und dann sieht sie Monas fröhliches Gesicht vor sich.

»Wer bist du denn?«, fragt Mona.

»Ich heiße Lilli«, antwortet Lilli. »Bist du die Mona, die heute Geh-Putz-Tag hat?«

Mona lacht. Sie nimmt Lilli vorsichtig hoch. »Nein, ich habe Ge-burts-tag«, erklärt sie. »Da feiert man mit seinen Freunden und isst viel Kuchen. Magst du meine Freundin sein?«

»Ja, das will ich«, nickt Lilli und strahlt.

»Warte mal«, sagt Mona. »Ich hole schnell Mali und Matze. Die sind genauso klein wie du und freuen sich bestimmt auch riesig über eine neue Freundin.«

Lilli bleibt allein auf dem Maltisch stehen und schaut sich in Monas Kinderzimmer um. Hier ist es gemütlich. An der Wand hängen viele Bilder. Ob Mona die alle selbst gemalt hat? Und dort drüben steht ein großes Puppenhaus, an dem Mona jetzt anklopft. Trappelnde Schritte sind zu hören. Zwei Puppen springen die Treppe hinunter, ein Mädchen und ein Junge. Das Mädchen trägt ein grünes Kleid und ein Blumenband in ihren blonden Haaren.

»Das ist Mali«, stellt Mona sie vor. »Mali tanzt gerne und mag alles, was grün ist. Und das ist Matze. Er kann Skateboard fahren und spielt Fußball – und er hat immer seine rote Mütze auf, sogar im Bett.«

Matze sieht Lilli von den rosa Haaren bis zu den rosa Schuhen an und runzelt dabei kurz die Stirn.

»Hallo«, sagt Lilli. Sie ist auf einmal ein bisschen schüchtern.

»Hallo, Lilli«, sagt Mali und lächelt Lilli an. »Wohnst du jetzt auch bei uns?«

»Geht doch gar nicht«, entgegnet Matze sofort. »Du hast dein Zimmer, Mali, und ich habe meins.«

Lilli schluckt und weiß nicht, was sie dazu sagen soll, aber Mona wirft Matze einen strengen Blick zu.

»Du kannst mit in mein Zimmer ziehen, Lilli«, schlägt Mali vor. »Da ist viel Platz und mein Bett ist groß genug für uns beide.«

Lilli findet das sehr nett von Mali und auch Mona gefällt die Idee. Matze kickt mit dem Fuß gegen das Tischbein, sagt aber nichts mehr.

Mali nimmt Lilli an der Hand und zieht sie ins Puppenhaus, um ihr alles zu zeigen. Eine Treppe führt hoch zu Malis Zimmer, in dem fast alles grün ist. In der Mitte steht ein breites Bett. Mali klettert darauf und beginnt herumzuspringen.

»Hopp, hopp, hopp … Komm, Lilli, probier's auch!«, ruft sie und hält Lilli ihre Hand hin, damit sie auch hochklettern kann.

»Hopp, hopp, hopp«, ruft Lilli. Die Mädchen fliegen höher und höher. Sie lachen und hopsen, bis sie erschöpft in die Kissen fallen. Und in diesem Moment weiß Lilli, dass sie sich hier in Monas Puppenhaus sehr wohl fühlen wird.

Nach dem Frühstück packt Mona ihre anderen Geschenke aus. Von ihren Eltern hat sie ein Bilderbuch und eine kleine Gießkanne bekommen. Damit geht sie jetzt die Pflanzen in ihrem eigenen kleinen Gartenbeet wässern. Matze spielt auf der Wiese Fußball.

»Hilfst du mir beim Blumengießen, Matze?«, fragt Mona.

»Nein«, brummelt Matze. »Blumen gießen ist auch so ein Mädchenquatsch.«

Mona bleibt überrascht stehen. »Was ist denn mit dir los?«, fragt sie, denn sonst hilft Matze eigentlich gerne im Garten.

»Ich finde das unfair«, beschwert sich Matze. »Wenn Lilli hier einzieht, muss ich ständig Prinzessinnen oder Modenschau spielen, weil die zwei Mädchen sind und ich bin nur ein Junge.«

»Woher willst du das denn wissen?«, fragt Mona. »Du kennst Lilli doch noch gar nicht.«

»Mali will nie Abenteurer oder Geheimagent spielen und die ist ein Mädchen«, erklärt Matze.

»Ich bin auch ein Mädchen und ich spiele gern mit dir Geheimagent!«, entgegnet Mona. Sie versteht Matze nicht. Wieso will er Lilli nicht erst einmal kennenlernen? Aber sie hat keine Zeit, das herauszufinden.

»Mona! Komm mal, Oma ist am Telefon«, ruft Mama aus dem Wohnzimmer. »Sie will das Geburtstagskind sprechen!«

Schnell läuft Mona ins Haus. Matze bleibt alleine im Garten zurück und mosert weiter über die Mädchen und auch über Mona, die noch nicht mal ihre Geburtstags-Muffins mit ihm geteilt hat. Was für ein oberblöder Geburtstag!

Lilli ist ganz blass geworden. Durch das gekippte Fenster hat sie alles gehört, was Matze gesagt hatte. Ziemlich gemein war das. Und ziemlich doof, denkt Lilli ärgerlich. Mädchen können nämlich supergute

Geheimagenten sein. Und das will sie Matze jetzt beweisen. Alles, was sie dafür braucht, ist ein Stück von dem bunten Geschenkpapier und eine Schnur.

»Wozu brauchst du die denn?«, fragt Mali verwundert, während Lilli nach der Schnur sucht. Aber Lilli hat keine Zeit, alles zu erklären. Da kramt Mali aus der Spielzeugkiste ein Wollknäuel heraus. »Geht das?«

»Das geht super!«, ruft Lilli. Sie nimmt das Geschenkpapier und den Wollfaden und schon ist sie zur Tür hinaus. »Bin gleich wieder da!«

Im Flur huscht sie zur Treppe. Dort klettert sie auf das Geländer, saust abwärts, huiiii … und landet etwas unsanft auf dem Hosenboden. Autsch. Aber egal, jetzt muss sie die Küche finden, denn dort hat Monas Mama die Muffins gebacken. Hoffentlich sind noch welche da!

Vorsichtig spitzt Lilli durch den Türspalt. Sie hat Glück – die Küche ist leer, kein Mensch in Sicht. Und tatsächlich, auf dem Küchentisch steht ein Teller mit den restlichen Muffins. Lilli grinst in sich hinein: Matze wird solche Augen machen, wenn Geheimagentin Lilli mit einem gemopsten Muffin zurück ins Kinderzimmer spaziert!

Flugs klettert Lilli über den Stuhl hoch auf den Tisch. Sie nimmt das Geschenkpapier und wickelt einen Muffin darin ein, damit er auf dem Weg nicht kaputtgeht. Dann bindet sie den Wollfaden um das Muffin-Päckchen und lässt es ganz langsam über die Tischkante zu Boden gleiten.

Plötzlich hört Lilli Schritte im Flur – Erwachsenen-Schritte! Aufgeschreckt sieht sie sich nach einem Versteck um. Monas Eltern dürfen sie hier auf keinen Fall sehen. Schließlich sind die Muffins für Mona bestimmt! Mit einem Satz springt Lilli in einen großen Becher, der auf dem Tisch steht. Zum Glück ist er leer. Sie macht sich darin ganz klein. Ihr Herz pocht wie verrückt.

»Oje, hier liegt ja noch alles herum«, seufzt Monas Mama, als sie in die Küche tritt. Sie nimmt den leeren Kakaobecher und einen Teller, den Mona auf dem Tisch stehen gelassen hat, um beides in die Spülmaschine zu räumen.

«Nein, nicht! Ich bin hier drinnen«, will Lilli rufen – doch aus ihrem Mund kommt kein Ton heraus. Sie versucht, aus dem Becher zu klettern. Aber sie kann sich nicht bewegen! Jetzt bekommt es Lilli mit der Angst zu tun. Ihre Arme und Beine sind steif wie Stöcke. Was ist bloß los mit ihr?

Ohne Lilli zu bemerken, stellt Monas Mama den Kakaobecher in den Geschirrkorb und schließt die Klappe der Spülmaschine. Lilli sitzt

im Dunklen. Wer soll sie hier drin finden? Am liebsten würde sie losweinen, aber nicht mal das geht, wenn man stocksteif ist.

Da prasselt es plötzlich auf der Treppe, laut wie ein Gewitterregen. Monas Mama läuft in den Flur. Kaum hat sie die Küche verlassen, merkt Lilli erleichtert, dass sie sich wieder bewegen kann. Sie krabbelt unter dem Kakaobecher hervor. Aber die Spülmaschinentür ist fest verschlossen. Oje …

Im Flur ruft Monas Mama nach ihrer Tochter »Mona! Du hast ja alle deine Murmeln ausgekippt. Die sammelst du jetzt bitte wieder ein!«

»Das war ich nicht!«, ruft Mona aus dem Wohnzimmer. »Das war Matze. Ich habe es genau gesehen.«

Monas Mama schmunzelt: »Das glaube ich nicht. Aber gut, wenn du meinst, dann sammeln du und Matze jetzt alle Murmeln wieder ein.«

»Oh nö! Ich habe doch Geburtstag!«, empört sich Mona. »Am Geburtstag muss man nicht aufräumen.«

»Also, das wäre mir neu«, lacht Mama. »Auf geht's!«

Im Dunkel des Geschirrspülers hält Lilli den Atem an. Was ist da draußen los? Auf einmal hört sie ein leises Kratzen direkt an der Spülmaschinenklappe und eine Stimme: »Lilli? Bist du da drin?«. Es ist Matze!

»Ja, hier bin ich!«, ruft Lilli.

»Warte, ich helfe dir«, sagt Matze und stemmt mit aller Kraft die Klappe auf.

»Puh, danke«, ächzt Lilli erleichtert und klettert heraus. Sie

kann gar nicht recht glauben, dass ausgerechnet Matze sie gerettet hat. »Was machst du denn hier?«

»Was man halt so macht als Geheimagent«, antwortet Matze verschmitzt. »Ausspähen, ablenken – und anderen Geheimagenten aus der Patsche helfen.«

Da versteht Lilli, dass Matze das Murmelchaos mit Absicht angerichtet hat.

Matze nickt stolz: »War eine gute Idee, oder?« Vom Garten aus hat er durchs Küchenfenster gesehen, wie Monas Mama Lilli versehentlich eingesperrt hat. Zum Glück stand der Murmeleimer direkt auf der Treppe, sodass er ihn nur umkippen musste …

Aber eine Sache macht Lilli noch immer Kopfzerbrechen. Warum konnte sie sich auf einmal nicht mehr bewegen, als Monas Mama in die Küche kam?

»Ach so, das weißt du noch gar nicht! Das war wegen der Fantasie,« sagt Matze. Lilli sieht ihn fragend an. »Pass auf, ich erkläre es dir. Fantasie ist etwas, da haben Kinder noch ganz viel davon. Wenn sie mit uns spielen oder wenn wir alleine sind, dann sind wir lebendig. So wie jetzt. Aber wenn Erwachsene uns sehen oder uns zu nahe kommen, dann werden wir ganz steif und können uns nicht mehr bewegen. Erwachsene hören uns auch nicht und wir können nicht mit ihnen sprechen. Alles klar?«

Lilli nickt. Das ist ganz schön kompliziert.

»Was hast du eigentlich hier gemacht?«, will Matze wissen.

Lilli zeigt auf das Muffin-Paket, das immer noch unter dem Tisch liegt. »Den wollte ich für dich mopsen. Also, für uns alle …«, erklärt sie.

Matze ist ziemlich beeindruckt, als Lilli ihm ihren Plan erklärt. Sie wollte das lose Ende des Wollfadens oben einmal um das Treppengeländer wickeln, um dann das Muffin-Paket damit hochzuziehen. So wie es Bergsteiger machen. Oder Bauarbeiter.

»Weißt du, Lilli, für ein Mädchen hast du ziemlich gute Ideen«, sagt Matze. »Genauso machen wir es!«

Wenig später schieben Lilli und Matze schnaufend den Muffin ins Kinderzimmer. Das war ziemlich anstrengend. Aber zum Glück hat sie keiner gesehen.

»Wo wart ihr denn?«, fragt Mali. »Und was habt ihr in dem Paket?«

Lilli grinst: »Eine Überraschung! Du darfst auspacken.«

Mali wickelt vorsichtig den Wollfaden und das Geschenkpapier ab. Da erscheint ein blonder Wuschelkopf in der Kinderzimmertür. »He,

was macht ihr da?«, ruft Mona verblüfft. »Das ist doch einer von meinen Geburtstags-Muffins?!«

»Du hast uns ja keinen gebracht«, beschwert sich Matze. »Da mussten Lilli und ich selber einen holen. Lilli ist nämlich auch eine ziemlich gute Geheimagentin.«

Mona schaut überrascht von Matze zu Lilli und ein Lächeln huscht über ihr Gesicht. »Ach, so ist das«, sagt sie. Dann erinnert sie sich, dass sie eigentlich wegen etwas ganz anderem gekommen ist: »In deinem Paket, Lilli, da war noch etwas drin. Guck mal.« Mona nimmt die Schachtel hoch, schüttelt sie und heraus fällt ein kleines, rosafarbenes Bett. Ein richtiges Lilli-Bett. Lilli klatscht vor Freude in die Hände. Mona stellt es neben Malis Bett und Lilli lässt sich gleich in die dicken Kissen fallen. Sie schließt die Augen. »Mmmmh, so gemütlich …«

»He, nicht einschlafen!«, stupst Matze sie an.

»Tu ich doch gar nicht. Ich hab nur in mich reingeguckt«, antwortet Lilli. »Und wisst ihr, was ich in meinem Kopf gefunden habe?«

Mona, Matze und Mali müssen lachen: »Was denn?«

»Ein Gedicht«, sagt Lilli. »Wollt ihr es hören?« Natürlich wollen es alle hören. Lilli räuspert sich und dann reimt sie los:

»In meinem rosaroten Bett
da ist es ganz besonders nett,
in Monas schönem Zimmer,
da schlafe ich jetzt immer.
Mit Matze und Mali in unserem Haus,
da bin ich jetzt daheim … und aus!«

»Ein schönes Gedicht«, findet Mali. Einen Moment sitzen die Puppen und Mona einfach nur still da.

»Weißt du was, Lilli?«, sagt Matze. »Ich finde es ganz gut, dass du jetzt zu uns gehörst.« Da wird Lilli noch ein bisschen rosaroter im Gesicht, als sie es schon ist.

Jetzt habe ich ein neues Bett, ein neues Zuhause, einen Bauch voller Muffinkrümel und drei neue Freunde. Ich finde, das war der allerbeste Geburtstag überhaupt. Und dabei war es ja gar nicht meiner.

Bis zur nächsten Geschichte!
Deine Lilli

Lilli und die Windpockenmonster

*Hallo, hier ist deine Lilli! Heute bin ich schon ganz früh
aufgewacht, weil die Sonne mich an der Nase gekitzelt hat.
Mal gucken, ob Mona schon wach ist.*

Lilli hüpft aus ihrem rosafarbenen Puppenbett, springt die Treppe im
Puppenhaus hinunter und läuft hinüber zu Monas großem Kinderbett.
Mona hat die Augen geschlossen und schnarcht ganz leise. Lilli zupft
an ihrer Bettdecke.

»Mona, bist du schon wach? Kann ich zu dir ins Bett kommen?«,
fragt Lilli.

Mona regt sich nur ein klitzekleines bisschen: »Och, Lilli, ich bin
sooo müde …« Aber Lilli lässt nicht locker.
Sie kitzelt Monas Fuß, und als das auch
nichts hilft, klettert sie an der Bettdecke hinauf und stupst Mona an der
Nase. Moment! Da stimmt doch
etwas nicht. Mona hat überall rote
Punkte im Gesicht. Was ist denn
hier passiert?

»Mali, Matze! Wacht auf und
kommt rüber. Mona ist gepunktet!«, weckt Lilli ihre beiden Puppenfreunde auf.

»Waaas?«, ruft Mona und setzt sich mit einem Ruck im Bett auf. Sie sieht auf ihre Hände, ihre Arme und ihren Bauch. Überall rote Punkte! »Wo kommen die denn her?«

Matze stolpert verschlafen aus dem Puppenhaus und hinter ihm kommt Mali an Monas Bett.

Mali sieht sich die Punkte besorgt an. »Jucken die?«, will sie wissen.

»Ja, ganz doll«, schimpft Mona und kratzt sich an beiden Armen.

Lilli denkt, dass Mona ein bisschen wie ein Fliegenpilz ausschaut. Leider sagt sie das auch. Mona findet das überhaupt nicht lustig und guckt Lilli böse an.

»Quatsch, Fliegenpilze haben doch weiße Punkte«, widerspricht Mali.

»Dann sieht Mona halt aus wie ein Falschrum-Fliegenpilz«, kichert

Lilli. Mona lässt sich brummig wieder ins Kissen sinken. Sie wird die komischen Punkte ihrer Mama zeigen müssen. Lilli, Mali und Matze verstecken sich lieber schnell im Puppenhaus, bevor Mona nach ihrer Mama ruft. Wenn ein Erwachsener die Puppen sieht oder ihnen zu nahe kommt, dann werden sie nämlich ganz steif und stumm und das fühlt sich scheußlich an.

Als Monas Mama hereinkommt, weiß sie sofort, was los ist: »Oje! Ich glaube, das sind die Windpocken, Mona!«

Mona gefällt das gar nicht. Muss sie jetzt zuhause bleiben? »Heute ist doch der Kindergartenausflug!« Bei dem Gedanken schießen ihr die Tränen in die Augen.

Mama drückt Mona und seufzt. »Da kannst du leider nicht mitfahren. Windpocken sind eine ansteckende Krankheit«, erklärt sie. »Du musst ein paar Tage zuhause bleiben. Wenn du mit deinen Freunden spielst, bekommen die auch die Windpocken. Und das wollen wir doch nicht.«

»Was? Ich darf mit niemandem spielen?«, fragt Mona erschrocken und schnieft. »Das ist ja total gemein!«

»Dafür bleibe ich heute zuhause und spiele mit dir«, versucht Mama sie zu beruhigen. »Ich hatte schon mal Windpocken, deshalb kann ich mich nicht mehr anstecken.« Aber das tröstet Mona überhaupt nicht. Seit Wochen hat sie sich auf den Ausflug mit ihren Kindergartenfreunden gefreut. In ein paar Tagen sind schon Ferien und danach geht sie in einen neuen Kindergarten. Sauer und traurig versteckt Mona ihren Kopf im Kissen.

Als Monas Mama wieder nach unten gegangen ist, sehen Lilli, Mali und Matze sich erschrocken an. Mona darf nicht mit ihren Freunden spielen. Ob das auch für sie gilt? Nur wenn man die Windpocken schon hatte, kann man sich nicht mehr anstecken, hat Monas Mama erklärt. Aber keiner von ihnen hatte schon mal Windpocken. Müssen sie jetzt warten, bis Mona wieder gesund ist?

Bekümmert blicken die drei hinüber zu Mona. Da liegt sie in ihrem Bett, starrt die Wand an und langweilt sich. Lilli hat einen dicken Kloß im Hals, weil Mona ihr so Leid tut. Doch da kommt ihr plötzlich eine Idee.

»Ich lass mich auch vom Wind pocken!«, ruft sie.

Mali versteht nicht, was Lilli meint. »Der Wind pockt doch nicht, der hat damit gar nichts zu tun«, sagt sie.

»Doch! Mich schon«, grinst Lilli. »Kommt, ich zeig's euch.« Und schon rennt sie aus dem Puppenhaus hinüber zu Monas Maltisch. Sie klettert über den Stuhl auf den Tisch und kramt zwischen all den Mal- und Bastelsachen herum, die Mona dort hat liegen lassen.

»Was suchst du denn?«, fragt Mali.

»Die Filzstifte«, sagt Lilli und schiebt ein bunt bemaltes Blatt beiseite.

»Die sind in der Schublade«, sagt Mali. Gemeinsam ziehen sie an dem dicken Schubladenknopf. Lilli nimmt den roten Filzer heraus und lässt ihn auf den Boden plumpsen.

»Was willst du denn damit?«, fragt Matze.

»Damit malt ihr mir überall Punkte«, sagt Lilli. Jetzt versteht Mali, was Lilli will: Windpockenpunkte!

»Genau! Wenn ich auch Windpocken habe, darf ich mit Mona spielen«, erklärt Lilli.

»Super Idee!«, ruft Matze und macht den Stift auf. Mali hilft ihm und gemeinsam malen sie Lillis Gesicht, Arme und Beine an.

Nun sieht Lilli genauso aus wie Mona. Sie hat überall rote Punkte.

»Mona, Mona! Schau mal! Ich habe mich angesteckt!«, ruft Lilli und hüpft zu Mona.

»Oh nein, Lilli, das sieht ja fürchterlich aus«, lacht Mona. »Komm schnell zu mir ins Bett!«

Lilli freut sich, dass Mona nicht mehr traurig ist. »Jetzt können wir zusammen spielen, bis wir wieder gesund sind. Und du darfst dir ausdenken, was wir spielen«, sagt Lilli.

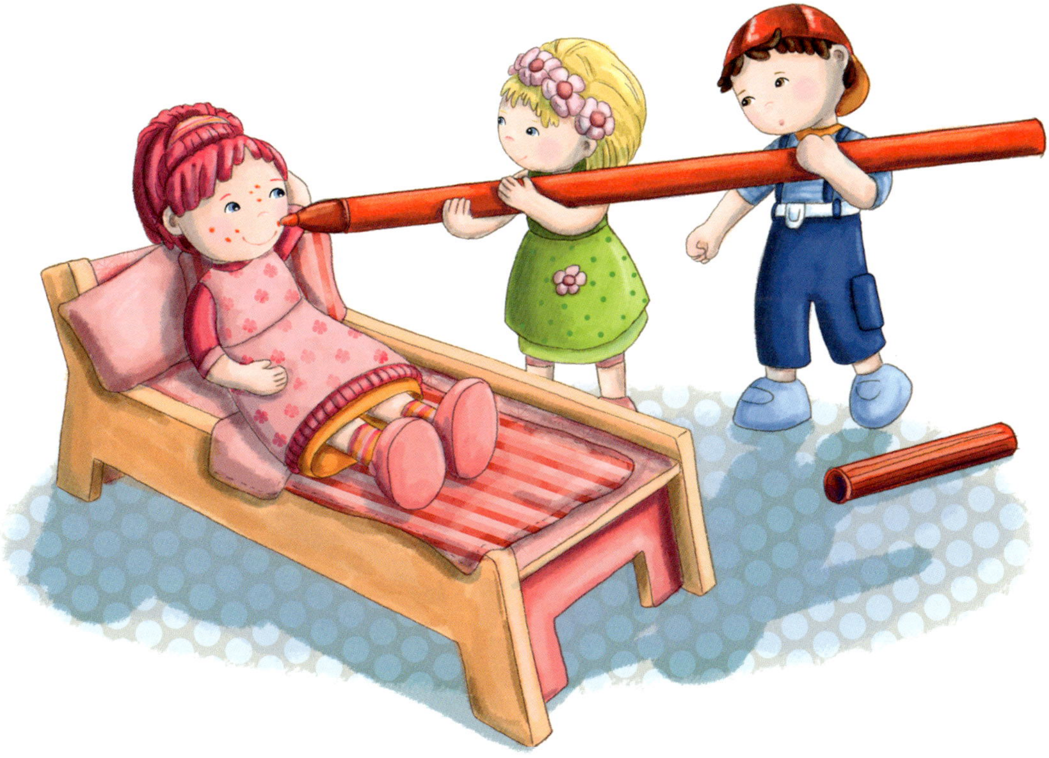

Mona hat schon eine Idee: »Wir bauen eine Höhle unter der Bett-

decke«, bestimmt sie und kriecht unter die Decke. »Wir sind nämlich wilde Windpockenmonster!«

»Und wir wohnen in einer dunklen Windpockenmonster-Höhle«, ruft Lilli. »Uäääähhhh!«

Die beiden toben laut und furchterregend durchs Bett und lachen sich dabei kringelig. Beinahe vergessen sie, dass Mona eigentlich krank ist. Matze und Mali gucken vom Puppenhaus aus zu und wünschen sich fast, sie hätten auch die Windpocken.

Plötzlich hält Mona inne und lauscht. Jemand kommt die Treppe herauf. »Ich glaube, meine Mama kommt. Schnell, versteck dich, Lilli!«

Doch es ist zu spät. Schon geht die Tür auf. Lilli wird ganz steif und stumm. So ist es immer, wenn ein Erwachsener die Puppen sieht. Denn die Erwachsenen wissen nicht, dass Lilli, Matze, Mali und alle anderen Puppen eigentlich lebendig sind. Nur Kinder wissen das.

Monas Mama nimmt Lilli in die Hand. »Ach je, hat Lilli auch die Windpocken?«, fragt Mama.

»Ja. Die hat sich angesteckt«, sagt Mona.

»Oh, du arme Lilli. Aber das Gute ist, dass ihr jetzt zusammen spielen könnt«, meint Mama und setzt Lilli wieder auf Monas Bettdecke.

Gerade beginnt Mona, die Windpocken gar nicht mehr so schlimm zu finden. Da sagt Mama, dass sie gerade mit Dr. Wöllmann, dem Kinderarzt, telefoniert hat. »Der schaut nachher bei uns vorbei.«

»Ich will aber nicht, dass Dr. Wöllmann kommt!«, schimpft Mona und rutscht ganz tief in die Kissen. Sie hat ein bisschen Angst vor dem Kinderarzt. Manchmal piekst er sie mit einer Spritze in den Arm und das mag sie nicht so gerne.

28

»Du brauchst keine Angst zu haben, Maus. Der Doktor schaut sich nur deine roten Punkte an«, beschwichtigt Monas Mama.

»Ich will aber nicht!«, schreit Mona. Sie lässt sich gar nicht beruhigen. Nicht von Mama und auch nicht von Papa, als der zum Mittagessen nach Hause kommt. »Der Doktor Wöllmann soll zuhause bleiben«, schluchzt Mona, als Papa sich an ihr Bett setzt.

Als er Lilli auf Monas Kopfkissen liegen sieht, kommt ihm eine Idee.

»Deine Lilli ist auch krank? Darf ich sie mir mal ansehen?«, bittet er. Mona hat nichts dagegen. »Soll ich sie wieder gesund machen?«, fragt Papa. Mona überlegt ein bisschen, dann nickt sie mit dem Kopf.

»Dazu brauche ich deinen Arztkoffer«, sagt Papa.

»Der steht da hinten«, nuschelt Mona und zeigt zum Kinderzimmerregal.

Papa holt den Arztkoffer, öffnet ihn und nimmt die Instrumente heraus. Er legt einen Spatel, eine Spritze aus Holz und ein Fieberthermometer auf Monas Bettdecke. Dann schüttelt er ganz höflich Lillis kleine Hand. »Guten Tag, Lilli! Ich bin Doktor Knöllmann, der Puppendoktor. Ich untersuche dich jetzt.«

Mona muss lachen. Aber Lilli findet das überhaupt nicht komisch. Die Doktor-Instrumente sind ganz gruselig und sie möchte auf keinen Fall untersucht werden. »Mona, hilf mir!«, will sie schreien – aber es kommt kein Ton heraus.

Monas Papa betrachtet Lillis Punkte ganz genau. »Aha, ich sehe schon, Lilli. Das sind die Windpocken. Das Wichtigste ist jetzt, dass du dich nicht kratzt, auch wenn es noch so sehr juckt. Und damit die roten Punkte schnell abheilen, bekommst du eine schöne Salbe.« Er steht auf und holt etwas von Monas Maltisch. »Siehst du, diese weiße Mixtur streiche ich jetzt auf die roten Punkte.«

»Aber Papa! Das ist doch die weiße Farbe aus meinem Malkasten!«, flüstert Mona.

Papa legt den Zeigefinger über seinen Mund und zwinkert Mona zu: »Pssst!« Er malt Lillis Gesicht und Arme ganz weiß an. Das kitzelt Lilli, aber weh tut es nicht.

Zum Schluss holt Papa noch ein kleines Fläschchen aus seiner Jackentasche. Darin sind weiße und rosa Kügelchen. »Anti-Juck-Tabletten«, sagt er. »Die wirken sofort. Davon nimmst du zweimal täglich eine vor den Mahlzeiten. Alles klar, Lilli?«

Lilli atmet auf, als Monas Papa ihr gute Besserung wünscht. Keine Spritze, immerhin.

»Und, Mona, war das schlimm für Lilli?«, fragt er.

»Nö, ich glaube nicht«, sagt Mona.

Lilli hätte Mona am liebsten gestupst. Ein klitzekleines bisschen schlimm war es nämlich schon.

Kurz darauf klingelt es an der Tür. Monas Mama öffnet und ruft nach oben: »Das ist Doktor Wöllmann. Darf er zu dir hochkommen, Mona?«

»Na gut. Aber nur, wenn ich auch Zuckerperlen bekomme, so wie Lilli«, sagt Mona.

»Anti-Juck-Tabletten!«, verbessert Papa sie streng.

Doktor Wöllmann untersucht Mona, genauso wie Papa Lilli untersucht hat, und lässt Monas Mama dann ein Medikament da, mit dem die Windpocken schnell verheilen werden. Bis dahin darf Mona nicht mit anderen Kindern zusammen sein. Am Ende schenkt Dr. Wöllmann ihr noch eine kleine Tüte mit rosa Bonbons.

Als alle Erwachsenen gegangen sind, kuscheln Mona und Lilli sich wieder in ihre warme Höhle und nehmen ihre Medizin. Lilli lutscht eine weiße Zuckerperle und Mona einen rosa Bonbon.

Da ist plötzlich fürchterliches Gebrüll zu hören. »Uuuuuäääh! Wir sind die wilden Windpockenmonster!« Erschrocken fahren Mona und Lilli hoch. Vor ihnen tauchen zwei wild gepunktete Wesen auf. Es sind Mali und Matze.

»Huch, wie seht ihr denn aus?«, ruft Mona.

»Ihr habt ja auch ganz viele Pocken-Punkte!«, quietscht Lilli.

»Meine sind blau und monstergefährlich ansteckend«, grollt Matze mit dunkler Monsterstimme.

»Und meine sind grün, weil ich grün am liebsten mag«, sagt Mali und blickt verzückt auf ihre grün gepunkteten Arme und Beine.

»Wir wollen auch in eure Höhle«, fordert Matze und quetscht sich an Lilli vorbei.

»Na klar, hier ist genug Platz«, lacht Mona und freut sich, dass jetzt wieder alle zusammen sind.

Wenn Lilli sich freut, dann fängt sie meistens an zu reimen. Deshalb fällt ihr auch gleich ein Gedicht ein:

»In unserer Höhle lauern wir,
Windpockenmonster alle vier,
und wir stecken jeden an,
der nicht schnell weglaufen kann.«

Und dann brüllen alle gleichzeitig monsterlaut: »Und wir stecken jeden an, der nicht schnell weglaufen kann! Und wir stecken jeden an, der nicht schnell weglaufen kann!«

Ein paar Tage später waren Monas Windpocken verheilt. Wie weggepustet vom Wind. Nur wir Puppen waren noch immer überall gepunktet. Aber Mona hatte schon einen Plan, wie unsere Pocken-Punkte verschwinden. Mit Wasser und Seife schrubbelte sie uns ab, bis wir alle wieder ganz gesund waren.

Bis zur nächsten Geschichte!
Deine Lilli

Lilli und der neue Kindergarten

Hallo du! Hier ist Lilli. Bist du auch so müde? Ich glaube, mir fallen gleich die Augen zu. Es ist schon ganz dunkel draußen und ziemlich spät. Das war ein langer, schöner Spiel-Sonntag. Aber was ist nur mit Mona los? Die schläft ja gar nicht …

Mona dreht sich im Bett von der einen auf die andere Seite. Sie guckt hinüber zum Puppenhaus. Dort liegen ihre drei Freunde Mali, Matze und Lilli in ihren kleinen Puppenbetten. »Seid ihr noch wach?«, fragt Mona leise und lauscht.

»Ja, sind wir«, flüstern Lilli und Mali.

Matze knurrt schläfrig: »Was ist denn los?«

»Ich habe so Bauchgrummeln. Ich kann gar nicht einschlafen«, sagt Mona.

»Warum denn nicht?«, fragt Mali.

»Hast du Springflöhe verschluckt?« Matze ist auf einmal hellwach. »Die hüpfen und bollern so im Bauch herum, da kann ich auch nie einschlafen«, erklärt er.

»Du erzählst einen Quatsch, Matze«, schimpft Mali.

Mona rappelt sich im Bett auf. »Ich glaube, ich kann nicht einschlafen, weil mein Kopf so viel nachdenken muss«, murmelt sie und hält mit beiden Händen ihre Stirn. Am meisten muss sie über den neuen Kindergarten nachdenken, in den sie ab morgen geht. Weil der alte Kindergarten so weit weg ist, hat ihre Mama sie jetzt dort angemeldet.

Der Kindergarten sieht schön aus. Aber was, wenn die Erzieher und die anderen Kinder ganz doof sind? Sie kennt dort ja niemanden.

»Aber uns kennst du doch!«, ruft Lilli.

»Ihr könnt nicht mitkommen. Man darf keine eigenen Spielsachen mitbringen. Auch nicht seine Puppenfreunde. Das ist die Regel«, erklärt Mona bedrückt.

»Eine superdoofe Regel ist das«, mosert Matze. Mona seufzt. Aber es hilft nichts, wenn sie die ganze Nacht grübelt. Deshalb schließt sie die Augen und denkt an etwas Schönes.

Als sich Mona und die kleinen Freunde wieder in ihre Decken gekuschelt haben, ist es auf einmal Lilli, die nicht schlafen kann. Sie überlegt und überlegt. Wie kann sie Mona nur helfen? Sie erinnert sich an den Tag, an dem sie bei Mona, Mali und Matze einzog. Da kannte sie auch niemanden. Aber Mali war gleich sooo nett zu ihr gewesen, dass sie sich bald ganz zuhause gefühlt hat. Da kommt Lilli eine Idee. Sie stupst Mali im Bett neben ihr an.

»Mali? Ich glaube, Mona hat Bammel vor dem neuen Kindergarten. Können wir nicht doch mit ihr hingehen?«, flüstert Lilli. »Wir verstecken uns in ihrem Kindergarten-Rucksack. Das merkt niemand«, schlägt Lilli vor.

»Ich glaube, das ist keine so gute Idee, Lilli«, flüstert Mali zurück.

Aber da ist Lilli schon aus dem Bett gesprungen. »Du kannst ja hier bleiben. Aber ich lass Mona nicht allein!« Schnell läuft sie hinüber zum Schrank. Davor steht Monas Rucksack. Monas Mama hat alles eingepackt, was Mona für ihren ersten Tag braucht. Lilli öffnet die linke Rucksackschnalle und schlüpft hinein. Sie krabbelt unter Monas kuscheligen Lieblingspullover. Hoffentlich geht morgen alles gut, denkt sie noch, bevor sie einschläft.

Am nächsten Morgen ist Lilli sehr aufgeregt. Wie es wohl sein wird im Kindergarten? Es fällt ihr nicht leicht, die ganze Zeit still und reglos in Monas Rucksack zu sitzen, während Mona sich anzieht, frühstückt, die Zähne putzt und dann zu ihrem Papa ins Auto steigt.

»So, da sind wir«, sagt Papa, als das Auto vor dem Kindergarten anhält. Lilli hört, wie die Autotür geöffnet wird. Dann nimmt Mona den Rucksack und steigt aus.

»Hallo! Du bist bestimmt Mona?«, hört Lilli eine fröhliche Frauenstimme sagen. Die Kindergärtnerin hat schon an der Eingangstür gewartet.

»Hallo«, flüstert Mona schüchtern.

»Komm rein. Ich bin Jasmin. Ich leite die Murmeltiere. Das ist deine neue Gruppe«, erklärt die Kindergärtnerin. Sie zeigt Mona, wo sie ihre Jacke aufhängen und ihre Schuhe abstellen kann. Es gibt einen Haken und einen Korb für Monas Sachen. Jasmin klingt nett, findet Lilli.

Papa drückt Mona noch mal ganz fest und wünscht ihr einen schönen ersten Tag, bevor er geht. »Mama holt dich vor dem Mittagessen wieder ab«, verspricht er. »Tschüss, meine Kleine«.

»Tschüss, Papa«, sagt Mona.

»Hast du denn auch Hausschuhe mitgebracht, Mona?«, fragt Jasmin.

»Ja, die sind im Rucksack«, sagt Mona.

Da platscht es plötzlich aus dem Badezimmer, als würde eine Wasserbombe platzen. Jasmin muss nachsehen, was da passiert ist. »Einen Augenblick, Mona, ich bin gleich wieder da!«, entschuldigt sie sich und verschwindet im Badezimmer.

Lilli spürt, wie Mona den Rucksack zu sich heranzieht, die Schnalle

öffnet und nach den Hausschuhen wühlt. Auf einmal fällt Licht in ihr dunkles Versteck. »Lilli? Was machst du denn hier?«, flüstert Mona. »Ich habe doch gesagt, dass du nicht mitkommen kannst!«

»Aber ich hab gedacht …«, fängt Lilli an.

Doch Mona unterbricht sie: »Schschsch! Du bleibst im Rucksack und machst keinen Mucks, bis wir wieder zuhause sind, versprochen? Ich will wegen dir nicht gleich am ersten Tag Ärger bekommen!«, flüstert Mona.

»Okee, versprochen. Ich bin still, wie ein Sti-Sta-Stummfisch«, flüstert Lilli zurück.

Da kommt Jasmin wieder in den Flur. Sie hält Mona ihre Hand hin. »Magst du mit mir in den Gruppenraum kommen?«

Mona nickt, hängt den Rucksack an ihren Haken und nimmt Jasmins Hand.

Lilli sitzt jetzt schon richtig lange stummfisch-still im Rucksack und macht sich Sorgen um Mona. Sie ist allein bei den fremden Kindern und Lilli kann ihr nicht helfen. Bestimmt hat Mona schon wieder ganz viel Springfloh-Grummeln im Bauch! Plötzlich hört Lilli das Trappeln von sehr vielen Füßen. Kinder

rufen und lachen durcheinander. Der Rucksack wird vom Haken genommen. Was ist denn jetzt los?

»Mona?«, flüstert Lilli. »Mona, bist du da?«

»Pssst!«, hört sie Monas Stimme. »Wir machen einen Ausflug in den Park und nehmen die Rucksäcke mit.«

»Mona, kommst du?«, ruft Jasmin. Mona rennt los, dass es Lilli zwischen Brotdose und Wasserflasche nur so hin- und herschaukelt.

Im Park lässt Mona ihren Rucksack bei den anderen Taschen auf einer Bank liegen. Aus ihrem Versteck hört Lilli die Kinder auf dem Spielplatz toben und lachen. Sie will unbedingt wissen, wie der Spielplatz aussieht und was Mona gerade macht. Einmal kurz rausspitzen ist bestimmt erlaubt, denkt Lilli und zwängt sich vorsichtig aus dem Rucksack. Da steht Mona, ganz alleine am Rand des Sandplatzes. Oje! Ob die anderen sie nicht mitspielen lassen?

Plötzlich hört Lilli in der grünen Tasche neben sich ein Geräusch. Ein Kopf mit einer rosa Ballonmütze schiebt sich aus der Tasche. Lilli erschrickt.

»He, wer bist du denn?«, fragt das Puppenmädchen Lilli.

»Hallo. Ich bin Lilli«, sagt Lilli. »Eine tolle Mütze hast du«.

»Danke«, freut sich das Puppenmädchen. Dann stellt sie sich vor: »Ich bin Elise, die Puppe von Tina.« Sie zeigt zu einem Mädchen, das einen Ballettrock trägt und mit dem Kopf nach unten am Klettergerüst hängt.

»Aber … aber ich dachte, Puppen dürfen nicht mit in den Kindergarten?«, fragt Lilli.

»Tina nimmt mich immer heimlich mit«, erklärt Elise. »Aber dich hab ich hier noch nie gesehen. Gehörst du zu dem neuen Mädchen?« Lilli nickt. Elise schaut zu Mona hinüber und runzelt die Stirn: »Warum spielt sie denn nicht mit?«

»Mona ist ein bisschen schüchtern. Deswegen bin ich mitgekommen. Ich wollte ihr helfen, Freunde zu finden. Aber ich weiß auch nicht, wie man das macht …«, erklärt Lilli. Sie merkt selber, dass sich das ziemlich dumm anhört.

Aber Elise scheint das nicht zu merken. Sie schaut Lilli verschmitzt an. »Vielleicht können wir Mona ja zusammen beim Freundefinden helfen. Komm mit!«

Gespannt folgt Lilli Elise, die hinter der Bank lang läuft, damit die Kindergärtnerin sie nicht sieht. Denn wenn Erwachsene die Puppen entdecken, werden sie sofort steif und stumm. Lilli mag es gar nicht, wenn das passiert.

»Hier in dem Wäldchen können wir uns gut verstecken«, sagt Elise.

»Das ist ja wie im Urwald hier«, flüstert Lilli und sieht sich um. Die Äste hängen tief, die Blätter sind dicht und dunkelgrün.

»Tina und ich spielen oft hier«, sagt Elise. »Dschungelforscher zum Beispiel. Da schleicht man durch die Büsche und entdeckt ganz viele Tiere. Ameisen oder Vögel. Einmal haben wir sogar ein Eichhörnchen gesehen!« Sie bleibt stehen und guckt durch die Zweige zu den spielenden Kindern. Dann steckt sie zwei Finger in den Mund und pfeift einmal lang und zwei Mal kurz. Lilli schaut Elise überrascht an. Was war das?

Elise lacht: »Das ist mein Geheimpfiff. Den kennt nur Tina.« Tatsächlich springt das Mädchen mit dem Ballettrock vom Klettergerüst herunter. »Jetzt musst du nur noch Mona herholen«, sagt Elise.

»Aber wie denn? Ich habe keinen Geheimpfiff …« Lilli sieht sich ratlos um. Da fällt ihr Blick auf eine Kastanie und sie hat eine Idee.

Mit Anlauf und voller Kraft kickt sie gegen die Kastanie, sodass die im hohen Bogen durch die Luft fliegt – und vor Monas Füße kullert. Mona schaut vor sich ins Gras. Wo kommt die Kastanie denn plötzlich her?

»Mona! Hier sind wir«, ruft Lilli leise.

Jetzt hat Mona Lilli im Gebüsch entdeckt und läuft herüber. Lilli macht sich auf ein Donner-

41

wetter gefasst, weil sie nicht im Rucksack ist. Doch da kommt auch Tina dazu. Sie schaut erstaunt von Elise zu Lilli: »Du solltest doch in meiner Tasche bleiben! Und wer bist du denn?«

Elise stellt Mona, Tina und Lilli einander vor. Mona ist so überrascht, dass sie ihren Ärger auf Lilli völlig vergisst.

Tina freut sich, dass Mona auch heimlich eine kleine Puppe mitgebracht hat. »Dann können wir ja zusammen spielen!« Sie nimmt Mona an der Hand und zieht sie tiefer in das Wäldchen hinein.

»Was wollen wir denn spielen?«, fragt Mona vorsichtig.

»Dschungelforscher!«, rufen Lilli und Elise gleichzeitig. »Da kann man nämlich ganz viele Tiere entdecken«, klärt Lilli Mona auf. »Arme Meisen und Riesen-Eis-Hörnchen und vielleicht sogar einen Elefanten!« Und zusammen mit Elise rennt sie kichernd voraus, mitten in den Urwald hinein.

Gerade haben die vier so richtig schön losgespielt, als es plötzlich im Gebüsch raschelt als würde wirklich eine Horde Elefanten durchs Unterholz brechen. Lilli klopft das Herz bis zum Hals. Zweige werden beiseitegeschoben und ein Kopf mit dunklen Haaren taucht über Monas und Tinas Dschungelforscher-Station auf.

»Was macht ihr beiden denn da in den Büschen? Ich habe euch schon überall gesucht«, sagt Jasmin. Lilli und Elise werden sofort ganz steif, so wie immer, wenn ein Erwachsener sie sieht. Aber Lillis Gedanken fahren Achterbahn: Jetzt bekommt Mona bestimmt riesigen Ärger und es ist alles ihre Schuld!

Erschrocken blicken Mona und Tina die Kindergärtnerin an. »Sind das deine Puppen?«, fragt Jasmin.

»Also, ich … ich weiß, dass wir keine Spielsachen mit in den

Kindergarten bringen dürfen … und ich wollte ja auch nicht …«, stammelt Mona.

»Aber das ist doch nicht schlimm, Mona«, beschwichtigt Jasmin und lächelt Mona zu. »Eigentlich haben wir am Freitag unseren Spielzeugtag. Da darf jeder etwas von zuhause mitbringen. Aber am ersten Tag darf man natürlich seine Lieblingspuppe dabeihaben. Ich möchte nur nicht, dass ihr euch hier in den Büschen verkriecht, wo ich euch nicht sehen kann. Versteht ihr das?«

Mona und Tina nicken. Dass Jasmin sie jederzeit sehen muss, daran hatten sie gar nicht gedacht, als sie ihre Expedition begannen. Schnell gehen sie zurück zu den Bänken und packen ihre Puppen wieder in die Rucksäcke.

»Danke, dass du mich nicht verraten hast«, flüstert Tina Mona zu und drückt ihre Hand.

Und Lilli? Die schnauft erstmal erleichtert durch. Zum Glück hat sie Mona keinen Ärger beschert. »Und vielleicht«, denkt sie bei sich, »vielleicht hab ich ihr ja wirklich geholfen, eine Freundin zu finden«.

Zuhause muss Lilli natürlich zuallererst Matze und Mali erzählen, was sie erlebt hat. Die beiden hatten heute auch den ganzen Tag Bauchgrummeln, weil sie so aufgeregt waren, ob es Mona im neuen Kindergarten gefallen würde. Am nächsten Freitag, wenn Spielzeugtag ist, müssen auch Matze und Mali mit in den Kindergarten kommen, so viel ist klar.

Da klingelt unten im Flur das Telefon. Monas Mama geht ran und ruft kurz darauf Mona nach unten.

»Das war Tinas Mutter. Tina lässt fragen, ob du mit deinen Puppen nachmittags mal zum Spielen kommen willst. Am Donnerstag ginge es. Ist das in Ordnung?«, fragt sie.

»Jaaaa!«, jubelt Mona und stürmt zurück ins Kinderzimmer. »Habt ihr das gehört?«

Klar hat Lilli das gehört. Aber sie kann gar nichts sagen, weil sie sich so freut – auf Donnerstag und auf Freitag und auf Elise und Tina und auf den Kindergarten und über alles rundherum.

An diesem Abend habe ich mich früh in mein Puppenbett gekuschelt. Kindergärtnern und Dschungelforschen macht ganz schön müde. Aber das war ein richtig toller Tag. Mona hatte heute beim Ins-Bett-Gehen Glückskäfer im Bauch, hat sie gesagt, keine Grummel-Springflöhe. Das finde ich schön. Ich glaube, eigentlich ist Freunde finden gar nicht so schwer. Man muss nur ein bisschen mutig sein und Hallo sagen – und zusammen losspielen.

Also spielt schön! Bis zur nächsten Geschichte!
Deine Lilli

Lilli tanzt den Quatsch-de-dö

Hallo, hier bin ich wieder, deine Lilli. Heute ist ein ganz
besonderer Donnerstag. Heute Nachmittag gehen wir zu
Tina und ihren Puppen zum Spielen. Tina hat uns alle einge-
laden – Mona, Mali, Matze und mich. Bei Tina gibt es eine
richtige Puppen-Ballerina-Schule! Oder heißt das Ballett-
Schule? Oder Balletterina-Schule? Egal ... ich freue
mich wie ein Knallbonbon!

Was ist denn das für ein Krach? Lilli blickt von ihrem Buch auf. Sie
sieht, wie Mali einen Stuhl vor den großen Spiegel schiebt.

»Was machst du da, Mali?«, fragt Lilli.

»Das wird meine Ballett-Stange. Damit ich üben
kann für heute Nachmittag«, keucht Mali.

Lilli wundert sich: »Wieso musst
du dafür üben? Du tanzt doch
jeden Tag in unserem Zim-
mer herum!«

»Aber ich war noch nie
in einer richtigen Ballett-
schule. Das ist was ande-
res!«, erklärt Mali. Sie
klingt ziemlich aufge-
regt. Als sie mit Mona

in der Bücherei war, hat sie sich extra ein Buch über Ballett angeschaut, damit sie weiß, wie es geht.

Lilli möchte jetzt auch richtig Ballett tanzen. »Kannst du es mir zeigen?«, fragt sie Mali.

»Klar«, sagt Mali und bittet Mona, ihnen Musik anzumachen. Dann stellt sie sich vor dem Spiegel in Position, ganz aufrecht. Ihre Fußspitzen zeigen nach außen und ihre Arme beugt sie elegant. Das sieht wirklich schön aus, findet Lilli. Jetzt bewegt Mali zur Musik die Arme nach oben und macht mit den Füßen kleine Tanzschritte.

»Das ist die erste Position ... zweite Position ... und die dritte Position«, erklärt sie. Lilli stellt sich neben Mali und versucht, die Bewegungen nachzuahmen. Aber als Mali auch noch die vierte und fünfte Position vormacht, kommt Lilli mit ihren Armen und Beinen ganz durcheinander.

»Noch mal von vorne!«, sagt Mali.

»Erste Position, zweite Position, siebte Position, fünf-und-zwölfte Position ….«. Lilli hüpft vor dem Spiegel auf und ab und wedelt mit den Händen in der Luft. Mali guckt Lilli böse an. Wie immer macht Lilli nur Quatsch.

»Aber wir tanzen ja gar nicht richtig. Wir stehen nur am Stuhl herum«, mosert Lilli.

»So geht richtiges Ballett aber«, hält Mali entgegen.

Lilli macht es überhaupt keinen Spaß, sich an diese doofen Positionen zu halten. Das viele Üben findet sie gähnend langweilig – und das sagt sie Mali auch.

Mali ist beleidigt. »Du kannst halt nicht tanzen«, pampt sie Lilli an.

»Pah«, macht Lilli. »Mir doch wurstegal!«

Naja, ganz wurstegal ist es Lilli nicht. Sie würde schon gerne richtig Ballett tanzen können. Aber das mag sie vor Mali jetzt nicht zugeben. Also dreht sie sich um und stapft sauer hinüber zu Mona an den Maltisch.

Als Mona und ihre Puppen am Nachmittag bei Tina ankommen, ist Lilli immer noch sauer auf Mali, und umgekehrt. Zum Glück ist Tinas Puppe Elise da, die Lilli auch schon kennt. Elise hat bestimmt eine super Idee für ein neues Spiel, bei dem auch Matze mitmachen kann. Auf Ballett haben nämlich alle drei keine Lust.

Tinas andere beiden Puppen Lena und Eva hingegen sind schon für die Ballett-Schule zurechtgemacht. »Hallo, Mali«, rufen sie. »Komm rein!«

Mali sieht die beiden Puppenmädchen bewundernd an. Lena hat

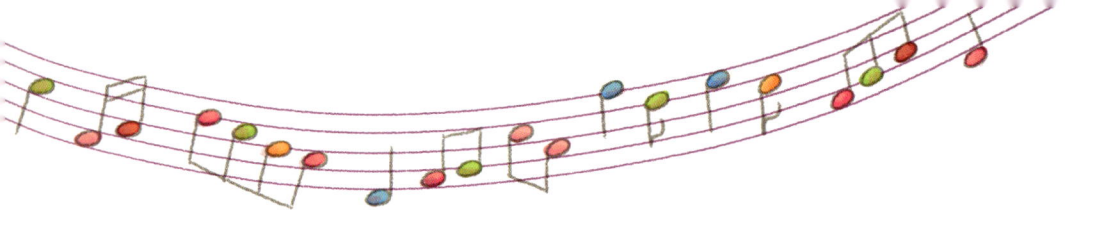

ihre blonden Haare zu zwei Schnecken aufgezwirbelt und Evas dunkle Haare sind zu einem Dutt gebunden. Beide haben Ballettschuhe und federwolkenleichte Tüllröcke an. Sie sehen wie richtige Ballerinen aus. Da kommt sich Mali in ihrem grünen Kleid ein bisschen komisch vor.

Das Puppen-Ballett-Studio steht schon auf dem Teppich in Tinas Zimmer. »Guck, hier an der Stange wärmen wir uns auf«, erklärt Eva.

Mali staunt. An der Wand ist ein riesiger Spiegel befestigt. Das ist super zum Üben, denn so kann man besser sehen, ob man die Schritte exakt ausführt. Vor dem Spiegel ist die Ballettstange

befestigt und an der anderen Seite des Studios gibt es eine Sprossen-
wand zum Klettern. Die finden Lilli und Matze gut. Zusammen mit
Elise klettern sie bis ganz nach oben und lassen sich kopfüber hängen.
Das macht viel mehr Spaß als an einer Stange vor einem Spiegel her-
umzuzappeln, denkt Lilli.

»Also, ihr seid die Schülerinnen und ich bin die Lehrerin«, entscheidet
Eva.

Lena und Mali stellen sich an der Ballettstange auf. Eva gibt den
beiden Anweisungen. Sie sollen sich aufwärmen, Tendu nach vorne,
Relevé und schließen. So heißt das in der Ballett-Sprache. Blick gerade, Schultern zurück und sich schön groß machen.

Puh, ziemlich kompliziert. Mali kommt ein bisschen ins Schwitzen.
Ob die beiden anderen wohl merken, dass sie noch nie Ballettstunden
genommen hat?

Lilli, Elise und Matze gucken den drei Mädchen zu.

»Tütü zur Seite, Rolle-Fee und schließen …«, macht Lilli Eva nach. Matze und Elise kichern laut. Als sie keine Lust aufs Klettern mehr haben, gehen die drei mit Mona und Tina draußen Ball spielen.

Mali ist ganz froh, als die anderen weg sind. Jetzt kann sie sich besser aufs Tanzen konzentrieren. Eva macht die Musik an.

»Wir tanzen heute die Feen-Hochzeit«, sagt sie. »Lena, du zuerst.«

Mali sieht andächtig zu, wie Lena sich zu der wunderschönen Melodie bewegt. Sie macht kleine trippelnde Schritte, hebt anmutig ein Bein nach hinten und beugt sich nach vorne. Dann dreht sie eine Pirouette und schwebt wie eine Fee durch die Luft. Als die Musik endet, klatschen Mali und Eva Beifall. Das war wirklich toll.

Danach ist Mali dran. Aber so richtig traut sie sich nicht. Sie kennt doch diesen Feen-Tanz gar nicht. Die Musik setzt ein, Mali versucht ein paar Schritte … So schön wie bei Lena sieht das nicht aus.

Eva will Mali helfen und schlägt vor, dass die beiden Mädchen die Feen-Hochzeit gemeinsam tanzen. »Lena kann es dir vormachen und du tanzt einfach mit, Mali. So lernst du die Schritte blitzschnell«, sagt Eva und startet die Musik neu.

Mali versucht, alles ganz genauso zu machen wie Lena. Sie trippelt und hebt das Bein, sie dreht sich und springt in die Luft. Dabei zählt sie – eins, zwei, drei, vier –, um im richtigen Takt zu bleiben. Denn die Schritte müssen ja auch noch zur Musik passen!

»Das war schon ganz gut«, meint Ballettlehrerin Eva. »Aber versuch es mal mit mehr Ausdruck, Mali. Man muss spüren, wie du fliegst, ganz leicht, wie eine Fee.«

Mali nickt angestrengt. »Ich bin eine Fee, ich bin eine Fee«, murmelt sie vor sich hin, als die Musik wieder einsetzt.

»Schultern locker! Und im Takt bleiben!«, ruft Eva.

Mali tanzt tapfer weiter. Jetzt kommt die schwierige Pirouette. »Ich bin eine Fee, zwei, drei, vier …«, murmelt Mali, nimmt Anlauf, dreht sich – und fällt mit einem Rumms auf ihren Po. Aua!

»Hast du dir weh getan?«, fragt Lena besorgt und hilft ihr auf. Malis Gesicht wird ganz heiß und rot. Sie kommt sich dumm vor.

»Sollen wir lieber was anderes spielen?«, fragt Eva.

Doch Mali schüttelt den Kopf. Aufgeben gilt nicht. Deshalb beißt sie die Zähne zusammen und übt weiter …

Als Lilli, Matze und Elise mit Mona und Tina wieder ins Kinderzimmer kommen, sind sie ganz verschwitzt vom Ballspielen. Das hat richtig Spaß gemacht! Lilli will Mali gleich erzählen, wie oft sie Matze abgeschossen hat. Aber Mali ist nirgends zu sehen. Auch Eva und Lena wissen nicht, wohin Mali verschwunden ist.

»Sie wollte sich eigentlich nur aus Monas Tasche etwas zu trinken holen«, wundert sich Eva.

Suchend blickt Lilli sich im Zimmer um. Sie guckt sogar hinter die Tür und in die Spielzeugkiste. Da hört sie ein leises Geräusch. Es klingt, als ob jemand weint! Lilli zupft Matze am Ärmel: Hat er das auch gehört? Es kommt von da unten, unter Tinas Bett!

Ganz hinten, in der dunkelsten Ecke, hockt Mali. »Warum hast du dich denn hier versteckt? Und warum weinst du?«, fragt Lilli leise.

»Weil … weil … wenn Lena tanzt, dann sieht sie wirklich aus wie eine Fee. So ganz leicht, als ob sie fliegt. So werde ich nie tanzen können«, schluchzt Mali. Lilli widerspricht, aber Mali vergräbt den Kopf in ihren Armen. »Ich glaube, ich kann gar nicht tanzen«, sagt sie.

Lilli und Matze wechseln einen betrübten Blick. Mali hatte sich so auf die Ballettstunde gefreut und nun ist sie so traurig!

»Du weißt doch, was Monas Papa immer sagt: Man muss nicht alles können«, versucht Matze zu trösten.

Doch da weint Mali nur noch lauter. »Aber ich will doch tanzen können!«, ruft sie verzweifelt. Lilli macht es selbst ganz traurig, wenn Mali so unglücklich ist. Ihr Ärger vom Vormittag ist längst vergessen.

Plötzlich hat sie eine Idee, wie sie ihrer Freundin helfen kann. Schnell läuft Lilli zum CD-Player und wühlt zwischen den Hüllen herum. Da gibt es sicher noch etwas anderes als diesen Feen-Quatsch … Endlich findet sie das Richtige. Sie nimmt die CD mit der Feen-Hochzeit heraus und legt die andere ein.

»He, wieso hast du unsere Musik ausgemacht?«, mosert Eva.

Aber Lilli beachtet sie gar nicht und drückt den Knopf. Wilde, fröhliche Tanzmusik schallt aus den Lautsprechern.

»Matze, komm, wir gehen in die Ballettschule«, ruft Lilli.

Matze sieht sie verdutzt an. »Was, wer, ich? Ich mach doch kein Ballett! Ich bin doch kein Mädchen!«, protestiert er.

Da packt Lilli ihn einfach an der Hand und zieht ihn hinter sich her zu Eva und Lena vor den Spiegel. »Wir tanzen jetzt den Quatsch-de-dö!«, bestimmt sie und fängt an, wild herumzuhüpfen. Sie wirft erst das rechte Bein in die Luft, dann das linke … Das findet Matze gar nicht so schlecht. Eva und Lena gucken erstaunt, als er auch loshüpft.

»Ihr könnt ja mitmachen«, lacht Lilli ihnen zu. »Hopp, hopp, hoch das Bein und rundherum und rundherum.« Sie springt auf einem Bein immer im Kreis herum.

Matze schwingt die Arme in die Luft: «Und jetzt Windmühlenarme!«

»Mit dem Po wackeln!«, ruft Lilli.

»Und kicken wie ein Fußballspieler!«, ruft Matze.

Lachend zieht Lilli Mali auf die Tanzfläche. »Komm, mach mit. Das macht Spaß!«

»Aber ich kann doch die Schritte gar nicht«, flüstert Mali und will schon ihre Hand aus Lillis ziehen. Aber Lilli lässt sie nicht los.

»Beim Quatsch-de-dö darf jeder tanzen wie er will«, erklärt sie.

Elise nimmt Mali an der anderen Hand und da springt Mali über ihren Schatten. Bald hüpft und tanzt sie genauso wild und verrückt wie die anderen. Sogar Eva und Lena lassen sich anstecken.

»Alle zusammen!«, ruft Mali und sie drehen sich im Kreis wie ein Karussell. Schneller, schneller! Wie ein Karussell mit Raketenantrieb! Noch schneller!

»Wir fliiiiiiegen!«, jubelt Lilli – und stolpert dabei über ihre Füße.

Uaaahhh! Krachend und polternd landen alle Puppenkinder auf dem Boden, purzeln kreuz und quer durcheinander und bleiben lachend liegen. Das ganze Zimmer dreht sich, so schwindelig ist ihnen.

»Wisst ihr was?«, fragt Lilli, als sie wieder Luft bekommt. »Ich glaube, jeder kann tanzen.«

Mali drückt Lillis Hand. »Ich glaube, du hast recht«, sagt sie.

Am Abend liegen Lilli und Mali zuhause in ihren Puppenbetten. Lilli in ihrem rosa Bett und Mali in ihrem grünen und alles ist wie immer.

»Du, Lilli«, flüstert Mali. »Wegen heute Morgen, das tut mir leid … dass ich gesagt habe, dass du nicht tanzen kannst. Du kannst sogar richtig gut tanzen. Und dein Quatsch-de-dö war wirklich lustig.« Lilli lächelt.

»Weißt du, wer am Tollsten getanzt hat?«, fragt Mali.

»Lena vielleicht … oder Eva?«, rät Lilli.

»Nee, du natürlich«, sagt Mali. »Weil du so viel Spaß hattest beim Tanzen. Du bist geflogen wie eine Fee. Wie eine Rolle-Fee«, kichert sie.

»Echt?«, fragt Lilli und muss jetzt auch lachen. Sie ist froh, dass Mali nicht mehr traurig ist. »Schlaf gut, Mali«, sagt sie.

»Du auch, Lilli. Gute Nacht«, flüstert Mali. Sie kuschelt sich in die Decke, schließt die Augen und dann träumt sie, wie sie durch einen grün glitzernden Zauberwald tanzt.

Das war ein aufregender Nachmittag bei Tina. So viel gelacht und gehüpft und getanzt haben wir schon lange nicht mehr. Und Mali hat recht. Nur wenn man Spaß hat, kann man beim Tanzen richtig fliegen. Genauso wie man mit Spaß besser Ball spielen und singen und malen kann.

Bis zur nächsten Geschichte.
Deine Lilli

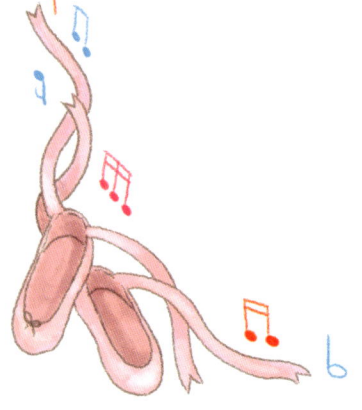

Lilli und der Puppenmuttertag

Hallo, hier ist Lilli! Ich finde, Mona ist die weltallerbeste Puppenmama, wirklich! Sie spielt mit Mali, Matze und mir und macht Quatsch mit uns – und sie kocht auch immer ganz toll in ihrer Spielküche! Heute gibt es Regenbogen-Suppe mit Glasmurmel-Klößchen. Mmmmmh...

Mona verteilt die Suppe auf die Puppenteller. Lilli, Mali und Matze sitzen schon am Tisch und fassen sich an den Händen: »Alle kleinen Fische schwimmen jetzt zu Tische, reichen sich die Flossen, und dann wird beschlossen, nicht mehr viel zu blubbern, sondern was zu futtern. Guten Appetit!«, rufen alle zusammen.

Lilli ist ganz ausgehungert vom Bauklotz-Türme – bauen und schlingt die Suppe herunter. »Oh, wie ober-wunder-lecker ist das!«, schmatzt Matze mit vollem Mund und Mali nickt heftig.

Da ruft Monas Papa von unten: »Mona, wir müssen los!«

Oje, das hatte Mona ganz vergessen. Heute ist ja Flötenstunde bei Frau Blume. Sie springt auf und kramt nach ihrem Notenheft, nimmt den Rucksack und läuft zur Tür. »Ihr könnt ruhig weiteressen. Bis später!«, ruft sie noch. Dann hüpft sie schon die Treppe hinunter.

Mali schaut ihr nachdenklich hinterher. »Wisst ihr was?«, sagt sie. »Ich finde, wir sollten auch mal was für Mona machen. Was Schönes. Weil sie immer so lecker für uns kocht und weil sie immer für uns da ist.«

Lilli findet die Idee super. »Wir können doch einen Kuchen backen«, schlägt sie vor. »Einen richtig echten, nicht einen aus der Puppenküche. So wie Mona das für ihre Mama am Muttertag gemacht hat.«

»Au ja, und dann feiern wir Puppenmuttertag!«, lacht Mali. Matze und Lilli sind begeistert. Das wird eine tolle Überraschung.

»Wir backen einen Kuchen, ribbeldibimmeldibumm, wir backen einen Kuchen, schribbeldischrammeldibumm …«, singt Lilli auf dem Weg nach unten in die Küche. Weil Monas Mama noch arbeitet und Monas Papa immer Tennis spielt, während Mona Flötenunterricht hat, ist niemand zuhause. Die Puppen haben also freie Bahn. Juhu!

Aber wie backt man so einen Kuchen? Lilli weiß, dass Monas Mama ein Backbuch hat, in dem sie nachliest, was man machen muss. Zum Glück kann Mali schon lesen. Das Backbuch steht oben im Regal über dem Küchentisch. Lilli und Mali hangeln sich über den Stuhl auf den Tisch und dort macht Lilli eine Räuberleiter für Mali. So kommt sie an das Buch heran. Uff, ist das schwer! Polternd fällt das Buch auf den Tisch. Mali schlägt es auf und beugt sich über die Rezepte.

»Der sieht ober-wunder-lecker aus«, meint Matze und zeigt auf das Bild mit dem Schoko-Kuchen.

Aber Lilli will unbedingt einen Kuchen mit rosa Zuckerherzen als Verzierung. »Die gefallen Mona am allerbesten!«, behauptet sie.

Matze weiß genau, dass rosa Zuckerherzen vor allem Lilli am allerbesten gefallen. »Schokolade ist viel leckerer!«, meint er.

»Am leckersten ist natürlich Schokolade mit rosa Zuckerherzen«, findet Mali. Damit sind alle einverstanden.

Mali liest vor, was im Rezept steht: »Wir brauchen Mehl, Milch, Butter, Zucker, drei Eier, Backpulver und Salz.«

Matze und Lilli laufen gleich los, um die Zutaten zu holen. Lilli zieht mit aller Kraft die Kühlschranktür auf. Dort sind die Eier. Sie lädt eines auf ihren Rücken und klettert damit zurück auf den Tisch. Gar nicht so einfach! Aber am Ende schafft Lilli es, so alle drei Eier zu holen, ohne eines zu zerbrechen. Matze bringt das Mehl und Mali holt den Zucker. Und natürlich brauchen sie auch eine große Rührschüssel. Die steht zum Glück unten im Küchenschrank.

»Ich kipp schon mal das Mehl hinein«, sagt Matze. Das Mehl staubt und kitzelt Matze so doll in der Nase, dass er ganz laut niesen muss: »Ha-ha-haaatschiii!«. Plötzlich ist er von oben bis unten eingestaubt. Er sieht aus wie ein Schneemann.

»Schneematze!«, lacht Lilli ihn aus.

Aber Matze tut so, als hätte er nichts gehört und schüttet als Nächstes mit Schwung den Zucker in die Schüssel. »Haaalt!«, ruft Mali. »Nicht zu viel!«. Matze glaubt nicht, dass man zu viel Zucker im Teig haben kann. Aber Mali weiß, dass man beim Backen alles genau abwiegen muss. Sonst schmeckt der Kuchen am Ende gar nicht.

Jetzt kommt noch das Backpulver dazu und dann darf Lilli die Milch hineingießen. »Aber nur drei Löffel«, gibt Mali Anweisung. »Und dann die Butter und die Eier«.

Lilli hat das erste Ei hochgenommen und will es mit Schale in den Kuchenteig werfen. »Nein, nicht so, Lilli«, sagt Mali. »Du musst das Ei erst aufschlagen!«

So einen Quatsch hat Lilli ja noch nie gehört. Warum soll sie denn das Ei erst schlagen? Das tut doch weh!

Mali nimmt Lilli das Ei aus den Händen und zeigt ihr, was sie meint: »Man muss das Ei an der Schüssel in zwei Teile schlagen.« Das hat sie mal bei Monas Papa gesehen, als er Pfannkuchen gemacht hat. Plopp, fallen Eigelb und Eiweiß aus der Eierschale in die Rührschüssel.

Lilli versucht es. Vorsichtig schlägt sie das zweite Ei auf. Das klappt prima. Aber das dritte Ei findet leider den Weg nicht. Es landet mit einem Platsch auf dem Boden. Überall ist schmieriger Ei-Glibber verteilt. Oje! Da müssen sie wohl nachher putzen… Matze holt schnell aus dem Kühlschrank ein neues Ei und reicht es Lilli.

Endlich sind die Zutaten in der Schüssel. Aber wie ein Kuchenteig sieht das noch nicht aus.

»Wir müssen alles verrühren, mit dem Handmixer«, erklärt Mali.

Den Mixer finden Lilli und Matze im Küchenschrank. Aber er ist

fürchterlich schwer. Viel zu schwer für drei kleine Puppen. Wie sollen sie jetzt den Teig anrühren?

»Vielleicht mit einem Schneebesen?«, überlegt Mali.

»Au ja! Oder mit einem Sturmbesen«, kichert Lilli. »Der stürmt und pustet dann in der Schüssel herum. Huiii, huiiii, huiiii…«

Mali schüttelt den Kopf. Lilli hat wieder mal nur Quatsch im Kopf.

Aber Matze holt schon den Schneebesen. Er weiß genau, wie er es machen wird. Zuerst klettert er hoch auf den Rand der Schüssel. Von dort steckt er den Schneebesen in den Teig. Und jetzt geht es los: Mit dem Schneebesenstiel fest in beiden Händen rennt Matze auf dem Schüsselrand entlang, rundherum und rundherum, wie in einem Karussell.

Mali und Lilli feuern ihn an: »Schneller, Matze, schneller!«

Langsam vermischen sich das Mehl und die Eier und die ganzen anderen Zutaten. »Wie lange noch?«, stöhnt Matze. Ihm geht langsam die Puste aus.

»Bis ein glatter Teig entsteht«, liest Mali im Backbuch nach.

Lilli guckt in die Schüssel: »Ich glaube, das reicht.« Schnaufend bleibt Matze stehen. Puh! »Du bist ein Super-Mixer«, lobt Lilli ihn.

Als Letztes muss noch eine Prise Salz in den Teig. Mali wuchtet den kleinen Salzstreuer auf den Schüsselrand und will gerade vorsichtig ein wenig hineinschütten, als Matze plötzlich ein Geräusch hört: Die Haustür wird aufgeschlossen. »Da kommt jemand!«, ruft Matze und springt von der Schüssel herunter.

»Das muss Monas Mama sein!«. Mali fällt vor Schreck der Salzstreuer aus der Hand, mitten in den Kuchenteig. Oh nein!

»Warte, ich hol den wieder raus«, ruft Lilli und greift schnell nach einem großen Löffel.

»Lass es, Lilli! Wir müssen uns verstecken!«, drängt Matze und krabbelt schon unter die aufgeschlagenen Seiten des Backbuchs, wo Monas Mama ihn nicht sehen kann. Wenn sie in die Küche kommt und die Puppen entdeckt, werden sie nämlich sofort steif und stumm. Das mag Lilli gar nicht. Und ihre schöne Überraschung wäre dann auch futsch.

Mali springt von der Schüssel und rennt zu Matzes Versteck. Aber Lilli fischt aufgeregt nach dem Salzstreuer. Sie muss doch den schönen Kuchen retten!

Gerade hat sie das Salz aus dem Teig gelöffelt, da wird die Klinke der Küchentür heruntergedrückt. Mali kann sich gerade noch unter das Backbuch retten. Doch für Lilli ist es zu spät. Sie spürt, wie ihre Arme und Beine mit einem Schlag stockstreif werden. Sie kann das Gleichgewicht nicht mehr halten und – plumps! – fällt sie in den Kuchenteig.

Monas Mama stöhnt, als sie das Durcheinander auf dem Küchentisch erblickt. Sie wird wohl mal ein ernstes Wort mit der kleinen Bäckerin reden müssen, die dieses Chaos angerichtet hat! Mit einem Stück Küchenrolle wischt Mama das verschmierte Ei vom Boden auf. Da piept ihr Handy: Eine Nachricht von Monas Papa. Er schafft es nicht, Mona von der Flötenstunde abzuholen. Monas Mama schaut auf die Uhr. Ui, da muss sie aber jetzt sofort los! Das Chaos hier kann warten, denkt sie, und schon ist sie zur Tür hinaus.

Schnell klettern Matze und Mali an der Rührschüssel hoch. Ob Lilli auch nichts passiert ist? Da taucht ihr rosa Haarschopf aus dem Teig auf.

»Blubb, blubb – bäh!«, macht Lilli. Sie sieht aus wie ein Teigmonster. Matze und Mali müssen lachen, aber Lilli findet das gar nicht lustig. Zum Glück hat Monas Mama sie nicht erwischt.

Matze hält Lilli den Schneebesen hin, damit sie daran hochklettern kann. Dann geht Lilli erstmal duschen, unter dem Wasserhahn im Spülbecken.

»Jetzt bist du wieder sauber – und so rosa wie immer«, stellt Matze fest, als sie fertig ist. Mali hat unterdessen die Kuchenform mit Butter eingeschmiert und den Backofen eingestellt. Nun müssen Lilli und Matze ihr nur noch helfen, den Teig in die Form zu gießen und den

Kuchen in den Ofen zu befördern. Sie müssen sich ganz schön anstrengen, die große Form zu bewegen, aber gemeinsam schaffen sie es.

Ja, geschafft! Hoffentlich wird der Kuchen fertig, bevor Mona und ihre Mama von der Flötenstunde zurückkommen …

Während der Kuchen im Ofen immer größer und größer wird, räumen Lilli, Mali und Matze die Küche auf. Sie stellen alles zurück an seinen Platz und wienern den Boden, die Spüle und den Küchentisch, bis es blitzt und blinkt.

»Hmmm, wie das riecht«, schnuppert Lilli. »Ich glaube, er ist fertig!«. Sie öffnet die Backofentür. Gemeinsam holen die drei Freunde den Kuchen mit zwei großen Topflappen aus dem Ofen. So richtig schön sieht er aber nicht aus.

»Irgendwie bollerig«, findet Matze.

»Mit Zuckerherzen und Schokolade können wir ihn bestimmt schön machen«, hofft Lilli.

Doch dafür bleibt ihnen keine Zeit. Schon klappert der Schlüssel an der Haustür. Mona und ihre Mama sind zurück!

»Schnell, hoch ins Kinderzimmer«, flüstert Matze und packt die Kuchenform mit dem Topflappen an der einen Seite. Lilli und Mali nehmen die andere Seite. So leise wie möglich zerren sie den Kuchen in den Flur und wuchten ihn dann die Stufen hinauf, während Mona sich im Eingangsbereich die Schuhe auszieht. Zum Glück hat sie so viel von der Musikschule zu erzählen, dass weder sie noch ihre Mama das Rumpeln auf der Treppe bemerken.

»So, Mona, aber jetzt hätte ich gerne von dir gewusst, was du vorhin in der Küche angestellt hast?«, hört Lilli Monas Mama vorwurfsvoll fragen. Lilli hat ein ganz doofes Gefühl im Bauch, weil Mona jetzt wegen ihnen Ärger bekommt.

Mona sieht ihre Mama verdutzt an. Wovon redet sie bloß?

»Na, wer backen kann, kann auch aufräumen!«, meint Mama und schiebt Mona in die Küche. Doch da ist alles blitzblank und es riecht verführerisch nach Kuchen. Aber von dem Kuchen fehlt jede Spur! Monas Mama versteht die Welt nicht mehr. Mona muss grinsen. Sie kann sich schon denken, wer hier heimlich gebacken hat …

Oben im Kinderzimmer betrachten die drei Freunde ratlos den Kuchen. Verzieren können sie ihn jetzt nicht mehr. Und ob er mit dem ganzen Salz im Teig überhaupt schmeckt? Überhaupt ist ihre schöne Puppenmuttertags-Überraschung ziemlich nach hinten losgegangen. Am besten verstecken sie den Boller-Kuchen erst einmal hinter dem Puppenhaus, entscheidet Matze.

»Bin wieder da!«, ruft Mona, als sie zur Tür hereinstürmt. »Sagt mal, habt ihr gebacken?«

Mali und Lilli schauen einander betreten an.

»Äh, also … Eigentlich haben wir für dich einen Kuchen gemacht«, erklärt Matze kleinlaut. »Aber der sieht gar nicht schön aus. Naja, und deshalb ist es vielleicht besser, wenn du ihn nicht isst.«

»Aber wie er aussieht, ist doch egal«, meint Mona. Schon hat sie den Kuchen in seinem Versteck entdeckt. »Das ist so lieb von euch! Darf ich mal probieren?«

»Nee, lieber nicht!«, will Mali abwehren. Doch Mona bricht sich einfach ein Stück vom noch leicht warmen Kuchen ab und beißt hinein.

»Und? Wie schmeckt's?«, fragt Lilli vorsichtig.

»Ober-wunder-lecker!«, lobt Mona mit vollem Mund. Mali fällt ein Stein vom Herzen »Aber wie habt ihr das hinbekommen?«, will Mona wissen.

»Simsalaglimmglam gezaubert«, kichert Lilli. »Alles Gute, Mona!«

Mona sieht Lilli verwundert an: »Alles Gute? Ich hab doch keinen Geburtstag!«

»Alles Gute zum Puppen-muttertag!«, rufen Matze, Mali und Lilli und klettern

an Mona hoch. »Den haben wir extra für dich erfunden, weil du die beste Puppenmama bist.«

»Und ihr seid die weltbesten Puppenkinder«, sagt Mona und drückt ihre kleinen Freunde ganz fest.

Mona hat sich riesig über unsere Überraschung gefreut. Und weißt du, was das Beste ist? Puppenmuttertag kann man jeden Tag feiern! Nur Monas Mama fände das wahrscheinlich nicht so toll. Ich glaube, die zerbricht sich immer noch den Kopf, ob sie das Chaos in der Küche nur geträumt hat!

Bis zur nächsten Geschichte!
Deine Lilli

Lilli geht zelten

Hallo, hier ist deine Lilli! Hab ich euch schon erzählt, wie Matze, Mali und ich zelten waren? Das war im Sommer an einem warmen Wochenende. Und es war super spannend ...

Lilli schmollt. Sie hat sich in der Kuschelhöhle versteckt und will mit niemandem reden. Zuhören kann sie von hier aus aber sehr gut. Mona erzählt Mali und Matze nämlich gerade von ihren Ferien an der Nordsee. Da durfte sie zusammen mit Mama und Papa in einem großen Zelt schlafen und sie waren jeden Tag am Strand zum Buddeln und Sandburgenbauen und in den Wellen hopsen.

»Und das alles ohne mich«, kräht Lilli ärgerlich aus ihrem Versteck heraus. »Dabei bin ich Sandburgenbaumeister!«

Mona steckt ihren Kopf in die Kuschelhöhle und will Lilli trösten. Doch Lilli schmollt weiter. Sie wollte doch auch einmal in einem Zelt übernachten. Das ist bestimmt riesig abenteuerlich.

Da hat Mona einen tollen Vorschlag: »Wie wäre es, wenn ihr heute Nacht zusammen im Garten zeltet?«

Lilli und Matze klatschen begeistert in die Hände: »Au ja!«

Mona erklärt, was sie dafür alles brauchen: Schlafsäcke, eine Luftmatratze, Taschenlampen …

»Und Kekse!«, ruft Matze. »Falls wir Hunger bekommen.« Matze weiß wirklich Bescheid, was man alles braucht für eine Nacht im Freien. Schließlich hat er schon mal auf dem Balkon übernachtet, als Mona ihn dort vergessen hatte. Und deswegen hält er sich für den Zeltkönig.

Nur Mali zögert noch. Ist es nachts im Zelt nicht viel zu kalt und ungemütlich?

»Oh Mali, manchmal bist du wirklich wie die Prinzessin auf der Erbse«, lacht Matze sie aus.

Mali ärgert es, dass Matze sich über sie lustig macht. »Prinzessinnen zelten nicht!«, murrt sie.

Aber Lilli fände es viel schöner, wenn Mali auch mitkommt. Mona überlegt und hat dann eine Idee: Mali darf eine ihrer dicken Wollsocken als Schlafsack nehmen. Damit wird sie bestimmt nicht frieren.

Mali probiert den Wollsocken-Schlafsack gleich mal aus. »Ui, ist der kuschlig«, staunt sie. »Und grün ist er auch noch!«. Grün ist nämlich Malis Lieblingsfarbe.

»So kann doch eigentlich nichts mehr schiefgehen, oder?«, fragt Mona grinsend.

Da gibt sich Mali einen Ruck und entscheidet, dass Prinzessinnen auch mal zelten gehen, zumindest in Ausnahmefällen.

Mona baut gemeinsam mit Papa für ihre Puppenkinder das Zelt im Garten auf. Dann trägt sie die Ausrüstung aus dem Kinderzimmer nach unten und bereitet alles für die Übernachtung vor. Jetzt endlich dürfen Lilli, Mali und Matze kommen. Neugierig gucken sie sich in der Zelthöhle um.

»Eigentlich ganz gemütlich, so ein Zelt«, sagt Mali.

»Jetzt essen wir Kekse und erzählen uns Gruselgeschichten«, ruft Zeltkönig Matze und zerrt die Keksschachtel hervor.

Aber Gruselgeschichten, die will Mali auf gar keinen Fall hören.

»Hier im Garten gibt es keine Gespenster«, beschwichtigt Mona. »Nur Ameisen«.

»Und andere wilde Tiere … Grizzlybären zum Beispiel«, raunt Matze. »Die sind riesengroß und haben scharfe Krallen und spitze Zähne. Damit kommen sie ratzfatz ins Zelt und fressen uns alle auf. Uaaahuaaahh!«

»Das glaub ich nie und nimmer«, sagt Lilli und legt ihren Arm um Malis Schulter, die schon ganz bleich im Gesicht ist. »Ich hab hier noch nie einen Griesbreibären gesehen.«

Darüber muss Mona laut lachen, und dann schimpft sie ein bisschen mit Matze, dass er Mali keine Angst machen darf. Sie sieht sich noch einmal um, ob ihre Puppenkinder alles haben, bevor sie ihnen Gute Nacht sagt. »Ich lasse euch die Terrassentür offen – zur Sicherheit. Wenn es euch zu gruselig wird, könnt ihr wieder in mein Bett kommen.«

»Quatsch! Echte Zeltkönige kneifen nicht«, erklärt Matze. Und Lilli stimmt ihm zu.

»Na, dann schlaft gut und bis morgen!«, sagt Mona und schon ist sie zum Zelt hinaus.

Lilli lässt sich auf die dicke Luftmatratze fallen. Die ist ganz weich und man kann toll darauf hüpfen. Hopp, hopp, hopp fliegt Lilli in die Luft. Mali und Matze hopsen mit. Hopp, hopp, hopp!

»Guckt mal, ich kann fliegen wie eine Fee«, lacht Mali.

Lilli purzelt auf den Po, aber Matze fliegt so hoch – fast bis ganz hinauf in den Zelthimmel. Lachend landen die drei wieder auf der Luftmatratze. Sie sind ganz schön außer Puste. Da brauchen sie noch mehr Kekse zur Stärkung. Aber wo ist bloß die Keksschachtel? Hier drinnen ist es mittlerweile ganz schön dunkel. Matze findet sie schließlich und gemeinsam mümmeln sie den letzten Keks weg.

Erst jetzt merken die kleinen Freunde, wie müde sie sind. Schnell kriechen Lilli, Mali und Matze in ihre Schlafsäcke. Sie mummeln sich fest ein und Lilli sagt ihr Gutenacht-Gedicht auf:

> »Müde bin ich Känguru,
> schließe meinen Beutel zu,
> lege beide Ohren an,
> damit ich besser schlafen kann.«

Dann wird es still im Zelt. Lilli versucht einzuschlafen, aber es klappt nicht. Sie dreht sich hin und her und her und hin. Da sind ganz viele Geräusche im Garten: Es knackt. Es raschelt. Eine Eule ruft … Lilli hält sich die Ohren zu, aber das hilft auch nicht.

»Lilli?«, flüstert Matze, »Bist du wach?«

»Ja. Es ist so laut hier«, flüstert Lilli zurück. Sie guckt rüber zu Mali, aber die schläft schon tief und fest.

»Willst du lieber reingehen?«, fragt Matze.

Nein, das will Lilli auf keinen Fall. Sie ist ja kein Angsthase. Matze auch nicht. Schließlich ist er der Zeltkönig und außerdem haben sie noch gar kein Abenteuer erlebt! Also legen sich die beiden wieder in ihre Sockenschlafsäcke.

Irgendwann ist Lilli wohl doch eingeschlafen. Denn erst dann kommt das Abenteuer! Mitten in der Nacht weckt es die kleinen Freunde auf. Lilli schreckt hoch, weil irgendetwas ganz unheimlich an der Zeltwand entlangkratzt. Es ist stockfinster und ein gruseliges Fauchen ist zu hören. Was ist das bloß?

»Ich glaube, da draußen ist ein Tier«, flüstert Mali ängstlich. »Ein Tier, das zu uns hereinwill.«

Lilli nimmt all ihren Mut zusammen. »Ich guck nach«, sagt sie und klettert auf die Keksschachtel, um aus dem kleinen Zeltfenster sehen zu können. »Ahhh!«, kreischt sie los und wäre fast nach hinten umgekippt. »Da … da … draußen ist ein Bär! Ein echter Griesbreibär!«

Mali klammert sich fest an Lillis Arm und Matze wird ganz mulmig zumute. Die Geschichte mit dem Grizzlybären hatte er sich doch nur ausgedacht, um die Mädchen zu ärgern. Aber einen Griesbreibären,

gibt es den vielleicht doch? »Beschreib uns mal genau, wie das Tier aussieht, Lilli!«, sagt er und hofft, dass man ihm seine Angst nicht anhört.

Lilli guckt noch mal. »Also, es hat vier Beine und ist dunkel, grau oder braun. Und es hat spitze Krallen und einen langen Schwanz.«

»Na klar, das ist Oswald, der Kater von Monas Nachbarn«, ruft Matze. Lilli hat noch nie eine Katze gesehen, deswegen konnte sie das nicht wissen.

Mali aber ist alles andere als beruhigt: »Kater Oswald hat doch immer Hunger!«

»Meinst du, der könnte uns anknabbern?«, fragt Lilli vorsichtig, als es schon wieder an der Zeltwand kratzt. Mali, Matze und Lilli rücken näher zusammen. Dummerweise haben sie keine Kekse mehr, mit denen sie den hungrigen Oswald weglocken könnten.

Mali überlegt, ob sie sonst noch etwas über den Kater weiß, das ihnen jetzt weiterhelfen könne: »Er spielt gerne mit Bällen. Und er findet es spannend, wenn irgendwo ein Licht tanzt. Aber Wasser mag Oswald gar nicht«, sagt sie.

Da hat Lilli eine Idee. Flüsternd erklärt sie Mali und Matze ihren Plan …

Mali nimmt die Taschenlampe und leuchtet durchs Zeltfenster zu den Büschen. Das Licht tanzt lustig hin und her. Sofort jagt Kater Oswald los und versucht, den Lichtpunkt mit seinen Tatzen zu fangen. Mali schnauft durch: Zumindest ist er nun schon mal vom Zelt weg!

Lilli öffnet die Zelttür ein Stückchen. Zusammen mit Matze schlüpft sie hinaus und rennt leise hinüber zum Gartenschlauch. Matze nimmt die Spritzdüse in die Hand und richtet sie auf die Büsche.

Lilli ruft »Wasser marsch!« und dreht mit aller Kraft den Wasserhahn auf

Oswald faucht aufgescheucht und rast über den Gartenweg davon. Nasswerden, das mag er gar nicht …

»Tut mir leid«, ruft Lilli Oswald nach, als der über den Zaun springt, und dreht den Wasserhahn wieder zu. Ein bisschen schämt sie sich, dass sie den Kater so geärgert hat, auch wenn er gar nicht richtig nass geworden ist. Aber um das Zelt schleicht er heute bestimmt nicht nochmal herum.

»Das war ein Spitzenplan, Lilli«, sagt Matze anerkennend, als er den Gartenschlauch zurückgelegt hat. »Und ein richtiges Abenteuer. Jetzt sind wir alle echte Zeltkönige!«

Mali nickt und gähnt müde. Lilli und Matze sollen schnell wieder ins Zelt kommen, damit sie weiterschlafen können. Aber Lilli will lieber zurück ins Kinderzimmer und sich in Monas großes, weiches Bett kuscheln. Da kann nämlich keiner versuchen, sie aufzufressen.

»Echte Zeltkönige kneifen nicht!«, erinnert Matze sie.

Aber Lilli ist das egal. Soll Matze doch denken, dass sie ein Angsthase ist. Sie hat für heute Nacht jedenfalls genug von Abenteuern.

Als am nächsten Morgen die Sonne schon hell ins Kinderzimmer scheint, wachen Mona und Lilli endlich auf. Sie reiben sich den Schlaf aus den Augen und fragen sich, wie es Mali und Matze wohl da draußen ergangen ist.

Lilli guckt hinüber zum Puppenhaus »Mona, guck mal, wer da in seinem Bett liegt und schnarcht!«, ruft sie.

Mona muss lachen. »Na warte, Matze Zeltkönig!«, ruft sie, springt aus dem Bett und beginnt, Matze ganz gemein wachzukitzeln.

»Aufhören! Aufhören!«, murrt Matze schlaftrunken.

Da geht die Tür auf und Mali hüpft vergnügt herein. Sie hat die Nacht tatsächlich alleine draußen im Zelt verbracht. Und es war herrlich.

Doch warum hat sich Matze doch noch ins Kinderzimmer verdrückt? Matze will nicht so recht mit der Sprache herausrücken.

Mali lächelt verschmitzt und berichtet, dass sie gerade wieder eingeschlafen war. Da hat Matze auf einmal losgebrüllllt: »Ein Tier! Ein Tier!« Und dann ist er wie der Blitz aus dem Zelt gerannt. »Willst du selbst erzählen, was das für ein gefährliches Tier war, Matze?«, fragt sie.

Matze sieht beschämt zu Boden. »Da war eine Ameise«, sagt er leise und zieht sich schnell die Bettdecke über den Kopf.

»Na, Zeltkönige sind wir wohl alle nicht«, lacht Lilli. »Bis auf Mali!«

»Stimmt«, sagt Mona. »Vielleicht können Prinzessinnen ja doch zelten?«

»Ich glaube, Prinzessinnen sind sogar richtig gut im Zelten«, meint Lilli. »Und Prinzessin Mali ist die Allermutigste!«.

Da wird Mali ganz rot vor Freude. Heute ist sie sehr stolz auf sich.

So, jetzt wisst ihr, wie das geht mit dem Zelten. Kater Oswald haben wir übrigens am nächsten Tag ein extraleckeres Würstchen in den Fressnapf gelegt. Als Entschuldigung dafür, dass wir ihn ein bisschen nass gespritzt hatten. Monas Papa wundert sich manchmal, warum Oswald gar nicht mehr gerne in unseren Garten kommt. Aber pssst! Das bleibt unser Geheimnis. Großes Zeltkönig-Ehrenwort!

Bis zur nächsten Geschichte,
Eure Lilli

Lilli will schwimmen

Hallo, ich bin's wieder, deine Lilli. Puuuh, ist dir auch so warm? Die Sonne brennt durchs Kinderzimmerfenster und es ist so heiß wie in der Wüste. Am liebsten würde ich mich heute in den Kühlschrank setzen. Aber Mona meint, das sei eine ziemlich große Quatsch-Idee …

Es ist ein strahlender Sommertag. Und weil es so heiß ist, will Papa am Nachmittag für Mona im Garten das Planschbecken aufbauen. Mona liebt es, im Wasser zu spielen und zu planschen und im Badeanzug über die Wiese zu toben. Sommer ist einfach toll, findet sie und freut sich schon.

Lilli und Matze wollen auch baden. Das hört sich lustig an und eine kleine Abkühlung könnten sie gut gebrauchen.

Aber Mona will davon nichts hören. »Ihr könnt ja gar nicht schwimmen«, sagt sie. Und wer nicht schwimmen kann, geht im Wasser unter. Mona selbst hat lange einen Schwimmkurs besucht, bis sie sich gut über Wasser halten konnte.

»Aber was ist mit deiner Badeente?«, bohrt Lilli nach. »Hat die auch einen Schwimmkurs besucht? Nein. Und geht die unter? Nein. Woher willst du also wissen, dass ich nicht schwimmen kann?« Aufgebracht verschränkt Lilli die Arme vor der Brust.

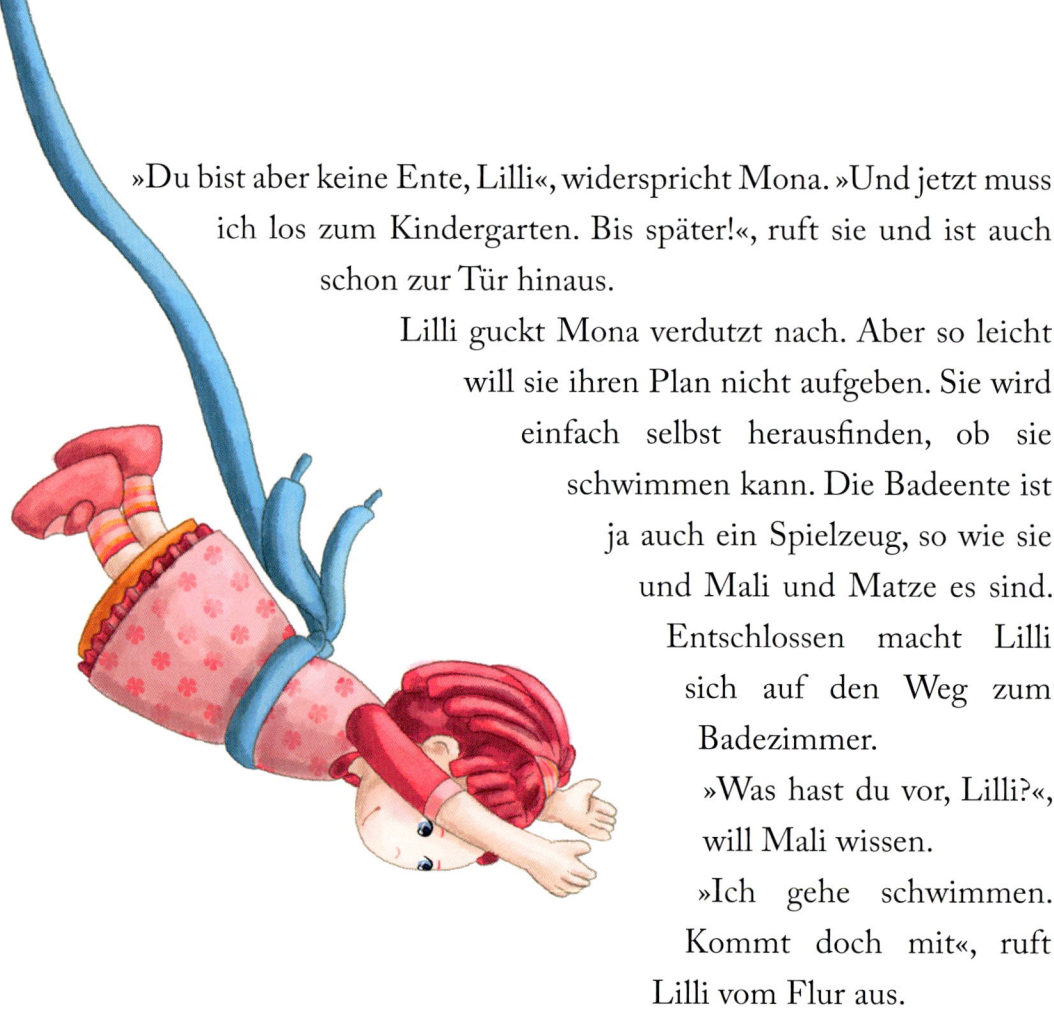

»Du bist aber keine Ente, Lilli«, widerspricht Mona. »Und jetzt muss ich los zum Kindergarten. Bis später!«, ruft sie und ist auch schon zur Tür hinaus.

Lilli guckt Mona verdutzt nach. Aber so leicht will sie ihren Plan nicht aufgeben. Sie wird einfach selbst herausfinden, ob sie schwimmen kann. Die Badeente ist ja auch ein Spielzeug, so wie sie und Mali und Matze es sind. Entschlossen macht Lilli sich auf den Weg zum Badezimmer.

»Was hast du vor, Lilli?«, will Mali wissen.

»Ich gehe schwimmen. Kommt doch mit«, ruft Lilli vom Flur aus.

Als Mali und Matze durch die Tür zum Badezimmer schlüpfen, steht Lilli bereits oben am Rand des Waschbeckens und dreht den Wasserhahn auf.

»Willst du wirklich im Waschbecken Schwimmen üben?«, fragt Matze.

Mali findet das gar nicht lustig. »Lilli, das kannst du doch nicht machen«, ruft sie aufgeregt. »Das ist viel zu gefährlich. Du weißt doch gar nicht, wie das geht!«.

Doch das ist Lilli ganz egal.

Da hat Matze eine Idee. »Warte mal kurz«, ruft er Lilli zu und mopst schnell aus Monas Bastelkiste einen alten Schnürsenkel. Dann erklärt er Lilli und Mali seinen Plan für den Notfall: Den Schnürsenkel binden sie Lilli als Rettungsseil um den Bauch. Wenn sie doch untergeht, dann können Mali und Matze sie damit einfach wieder aus dem Wasser ziehen. »Und wir brauchen ein Codewort, damit wir wissen, wann wir ziehen sollen«, sagt Matze fachmännisch.

Lilli grübelt ein bisschen und nickt dann: »Na gut. Das Codewort ist Runkelrübe. Wenn ich Runkelrübe rufe, dann zieht ihr. Alles klar?«

Matze klatscht in die Hände, aber Mali macht ein besorgtes Gesicht. Wenn das nur gut geht!

Doch da ist Lilli schon ins Wasser gesprungen. Sofort geht sie unter wie ein Stein. Als sie »Runkelrübe« rufen will, kommt nur Blubbern und Gurgeln heraus, weil ihr Mund voll Wasser ist. Aber nach dem ersten Schreck findet es Lilli unter Wasser überhaupt nicht mehr schlimm. Es ist sogar sehr schön hier: Das Licht glitzert hübsch von oben und alle Geräusche sind

gedämpft. Das hört sich lustig an, so als ob man sich die Ohren zuhält. Und ein paar Schritte auf dem Waschbeckengrund gehen kann sie auch. Aber Schwimmen ist das nicht, denkt sie.

Da wird Lilli plötzlich mit einem Ruck am Seil nach oben gezogen. »Hier, nimm meine Hand«, sagt Mali und schon steht Lilli wieder am Beckenrand. »Brrr!«, macht sie und schüttelt die Wassertropfen von sich ab, dass es nur so spritzt.

»Das mit dem Codewort hat wohl nicht so gut geklappt«, meint Matze ein bisschen zerknirscht. Er konnte ja nicht wissen, dass man unter Wasser schlecht rufen kann.

Lilli ist jetzt ganz froh, dass ihre Freunde sie herausgezogen haben, denn alleine hätte sie das nicht geschafft. Und dann wäre ihr Schwimm-Experiment ziemlich doof ausgegangen. Aber irgendwie ist das doch komisch: »Warum kann ich nicht schwimmen, aber die Bade-ente schon?«, fragt sich Lilli. »Bin ich zu schwer?«

»Mona ist viel schwerer als du und bei ihr klappt es«, gibt Matze zu bedenken.

Die drei kleinen Freunde sehen sich ratlos an. Mona hat gesagt, man muss sich über Wasser halten. Und Kinder können das lernen. Ob Puppen das auch lernen können?

»Wir müssen rausfinden, wie man schwimmen lernt«, stellt Lilli fest.

»Und ich weiß auch schon wie«, ruft Mali. »Im Internet!«

Lilli, Mali und Matze schleichen sich die Treppe hinunter zur Garde-robe. Dort hängt die Handtasche von Monas Mama. Und in der Handtasche ist das Handy von Monas Mama. Leise holen die kleinen

Freunde es heraus. Hoffentlich sieht sie niemand, denn mit dem Handy spielen ist total verboten! Die drei wissen aber auch, dass es im Handy eine nette Frau gibt, die auf alle Fragen eine Antwort weiß. Lilli drückt den großen Knopf und schon fragt die Frau, was sie tun kann.

»Oh hallo! Wir wollen wissen, warum Lilli nicht schwimmen kann«, fragt Matze.

»Entschuldigung. Ich habe dich nicht verstanden«, antwortet die Frau mit ihrer blechernen Stimme.

Matze fragt noch mal lauter. Aber die Frau hat wieder nichts verstanden. Vielleicht ist sie doch nicht so schlau?

Jetzt drückt Mali den Knopf und fragt ganz langsam und deutlich: »Hallo Internet, wie kann man schwimmen lernen?«

Da erscheinen Bilder von Kindern mit orangefarbenen Westen auf dem Bildschirm. »Hier sind einige Informationen zum Thema Schwimmenlernen, die ich für dich gefunden habe«, sagt die Frau.

Mali, Matze und Lilli betrachten die Fotos aufmerksam. Warum schwimmen die Kinder, wenn sie diese komischen Dinger anziehen?

Mali tippt ein Bild an und beginnt zu lesen. »Das sind Schwimmwesten«, erklärt sie. »Die Westen sind voll Luft und deshalb halten sie die Kinder über Wasser.«

»Wir brauchen auch Westen-Schwimmer oder Schwimm-Westen oder wie das heißt«, ruft Lilli.

»Die gibt's bestimmt nicht in unserer Größe«, sagt Matze enttäuscht.

Doch Lilli lässt sich nicht aufhalten: »Dann basteln wir uns eben selber welche. Kommt mit!«

Im Kinderzimmer ziehen Lilli und Mali Monas große Bastelkiste aus dem Regal und kippen sie auf den Boden. So viele verschiedene Dinge purzeln heraus. Aber wie macht man eine Schwimmweste? Und was braucht man dafür? Lilli stellt schon mal den rosa Glitzerkleber bereit. Denn kleben muss man beim Basteln immer irgendwas.

»Wir brauchen etwas, wo man Luft reintun kann oder wo die Luft schon drin ist«, überlegt sie. Und in dem Moment findet sie genau das Richtige …

»Ja! Luft-Knall-Folie«, lacht Matze und drückt ganz fest auf die Plastik-Blasen. Plopp! Plopp! Plopp! knallt es laut durchs Zimmer.

»He, nicht! Wir brauchen doch die Blasen«, mosert Lilli. »Hol lieber mal die Bastelschere. Damit schneiden wir aus der Folie unsere Westen aus.«

Jetzt müssen alle gut aufpassen, damit nichts schiefgeht. Mali und Matze halten die Folie fest und Lilli schneidet so vorsichtig, dass keine Blase kaputtgeht. Das ist ganz schön schwierig, besonders bei den Armlöchern.

»Oh nein! Du hast das Ärmelloch ganz durchgeschnitten«, meckert Matze.

Aber dafür hat Lilli ja zum Glück den Glitzerkleber. Damit will sie es wieder zusammenpappen. Sie drückt auf die Flasche und ein großer,

dicker Kleberklacks tropft heraus. Huch, das war ein bisschen viel! Als Lilli versucht, den Kleber abzustreifen, klebt sich die Folie einfach an ihren Bauch und geht gar nicht mehr ab. »Iiih, bäh!«, ruft Lilli und verheddert sich immer mehr. »Geh weg, du dummes Ding!«

Matze will Lilli helfen, aber da pappt die Folie auch an ihm fest … und an Mali und an der Bastelkiste und an der Schere und an der Kleberflasche …

Die Tür geht auf und Mona steckt den Kopf ins Kinderzimmer. »Was ist denn hier los?«, fragt sie überrascht, als sie das Durcheinander auf dem Boden sieht. Vorsichtig nimmt sie ihre drei Puppenfreunde hoch, wickelt sie aus der Folie und muss dabei ein bisschen lachen. Ganz schön kleinlaut gucken die drei Mona an.

»Wir … wir … wollten doch nur Schwimmwesten basteln, weil wir so gerne mit dir ins Planschbecken wollen«, sagen Lilli und Matze. »Aber das ist ja wohl gründlich schiefgegangen.«

Mona setzt die kleinen Freunde wieder auf den Teppich. »Wisst ihr was? Ich habe auch darüber nachgedacht, wie ihr mit mir ins Planschbecken könnt, und ich habe da eine Idee …«

Lilli, Mali und Matze sehen gespannt zu, während Mona in dem Bastelkisten-Durcheinander kramt, bis sie eine Tüte findet. Darin sind die minikleinen Luftballons von ihrer Geburtstagsparty, die man verknoten kann. »Daraus mache ich euch Schwimmreifen«, erklärt Mona und beginnt, die Luftballons aufzublasen.

Mit Monas Luftballon-Schwimmreifen um den Bauch kann niemand untergehen und so macht das Planschen und Schwimmen im Garten riesigen Spaß. Lilli und Matze hüpfen vom Rand ins Becken – einmal, zweimal, dreimal, vierzehnfünfzigtausend Mal! Mali paddelt vergnügt im Wasser herum und singt Badelieder. »Plitsch, platsch, plitsch, platsch …«

»… ich spritz euch alle nass!« brüllt Matze und macht einen Riesenplatscher mitten ins Becken.

»Ich spritz dich noch viel nässer!«, ruft Lilli und schubst ihm einen Wasserschwall ins Gesicht.

Bald liefern sich alle eine tolle Wasserschlacht, bis sie ganz müde sind vom vielen Toben, Plantschen und Nassspritzen.

»Ich habe noch eine Überraschung für euch«, sagt Mona und lächelt geheimnisvoll. »Schaut mal, was ich im Kindergarten gebastelt habe …« Sie holt ein kleines Boot hervor und setzt es vorsichtig aufs Wasser. Lilli, Matze und Mali staunen: Ein echtes Puppen-Schiff! Mona hat es aus einem alten Milchkarton ausgeschnitten und bunt angemalt.

Mona nimmt die drei Freunde hoch und setzt einen nach dem anderen in das Boot, das ganz schön schwankt. Dann gibt sie Mali und Matze einen Löffel in die Hand. »Damit könnt ihr rudern«, erklärt Mona.

Lilli darf der Kapitän sein. »Achtung, Achtung, wir legen ab!«, ruft sie. Auf ihr Kommando tauchen Mali und Matze die Löffel ins Wasser … und tatsächlich, das Boot fährt los.

»Das geht richtig gut«, freut sich Mali.

»Jetzt brauchen wir noch ein Bootfahr-Lied«, meint Lilli. »Kennt ihr eins?« Aber alle schütteln den Kopf.

»Na, da musst du uns eins dichten, Lilli«, sagt Mona.

Lilli überlegt einen Moment und dann singt sie los:

»Wir rudern, wir rudern,
wir rudern übers Planschbecken-Meer.
Wir schwimmen und wir planschen
und wir rudern hin und her.
Ahoi!«

Und dann singt die ganze Planschbecken-Bande mit:

»Und wir schwimmen und wir planschen
und wir rudern hin und her.
Ahoi! Ahoi! Ahoi!«

Das war ein schöner Wüstenhitze-Sommertag.
Planschen und im Wasser toben macht richtig viel Spaß.
Und das mit dem Schwimmen lerne ich auch noch. Jetzt
weiß ich, dass man dafür richtig viel üben muss. Wie Mona
es gesagt hat. Aber bis ich es kann, haben wir ja jetzt
unsere Luftballon-Schwimmreifen …

Ahoi!, sagt deine Lilli

Teresa Hochmuth ist eine erfolgreiche Drehbuch- und Hörspielautorin und lebt mit ihrer Familie in München.

Maria Bogade arbeitete nach ihrem Studium an der HdM in Stuttgart zunächst im Animationsfilmbereich. Die Liebe zu Pinsel, Stift und Papier zog sie dann aber 2011 ganz in ihren Bann und seitdem ist sie freischaffende Illustratorin und Autorin. Mit ihrer Familie lebt Maria Bogade im Herzen des Schwäbischen Waldes.

Von den Little Friends sind folgende Bücher und Hörspiele erschienen:

Bilderbücher ab 3 Jahre:

HABA Little Friends – Lilli und die Aufräum-Räuber (17544)

HABA Little Friends – Lilli und das Pony-Picknick (17543)

Vorlesebücher ab 4 Jahre:

HABA Little Friends – Lilli findet neue Freunde (17551)

HABA Little Friends – träum schön, Lilli (17545)

Hörspiele:

HABA Little Friends – Lilli findet neue Freunde. Vier kleine Puppen-Abenteuer (3689)

HABA Little Friends – Lilli und Pippa, das Pony. Vier kleine Puppenabenteuer (3700)

HABA Little Friends – Lilli will schwimmen. Vier kleine Puppenabenteuer (4118)

HABA Little Friends – Lilli und der Geburtstagshund (4120)